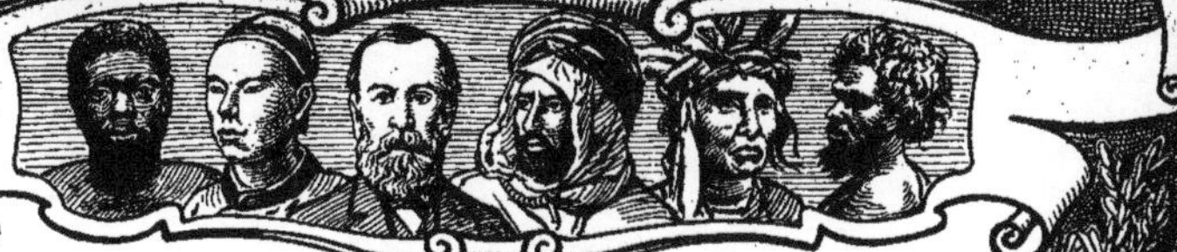

# COURS DE GÉOGRAPHIE

POUR LES CLASSES DE L'ENSEIGNEMENT SECONDAIRE

par

Une Réunion de Professeurs



# GÉOGRAPHIE GÉNÉRALE
# L'AMÉRIQUE ET L'OCÉANIE

CLASSE DE SIXIÈME



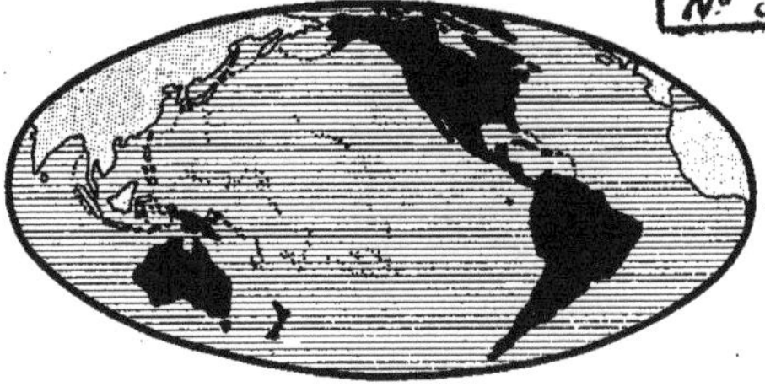

LIBRAIRIE GÉNÉRALE
77, Rue de Vaugirard. PARIS

A. MAME ET FILS — TOURS
J. DE GIGORD — 15, R. Cassette PARIS

M. DESSERTENNE

N° 132-6

PROPRIÉTÉ

# NOTIONS DE GÉOGRAPHIE GÉNÉRALE
# L'AMÉRIQUE ET L'OCÉANIE

CLASSE DE SIXIÈME



N° 132-6.

**Spécimen d'une page du Cahier de Croquis Géographiques.**

4 COMPOSITION DU GLOBE TERRESTRE

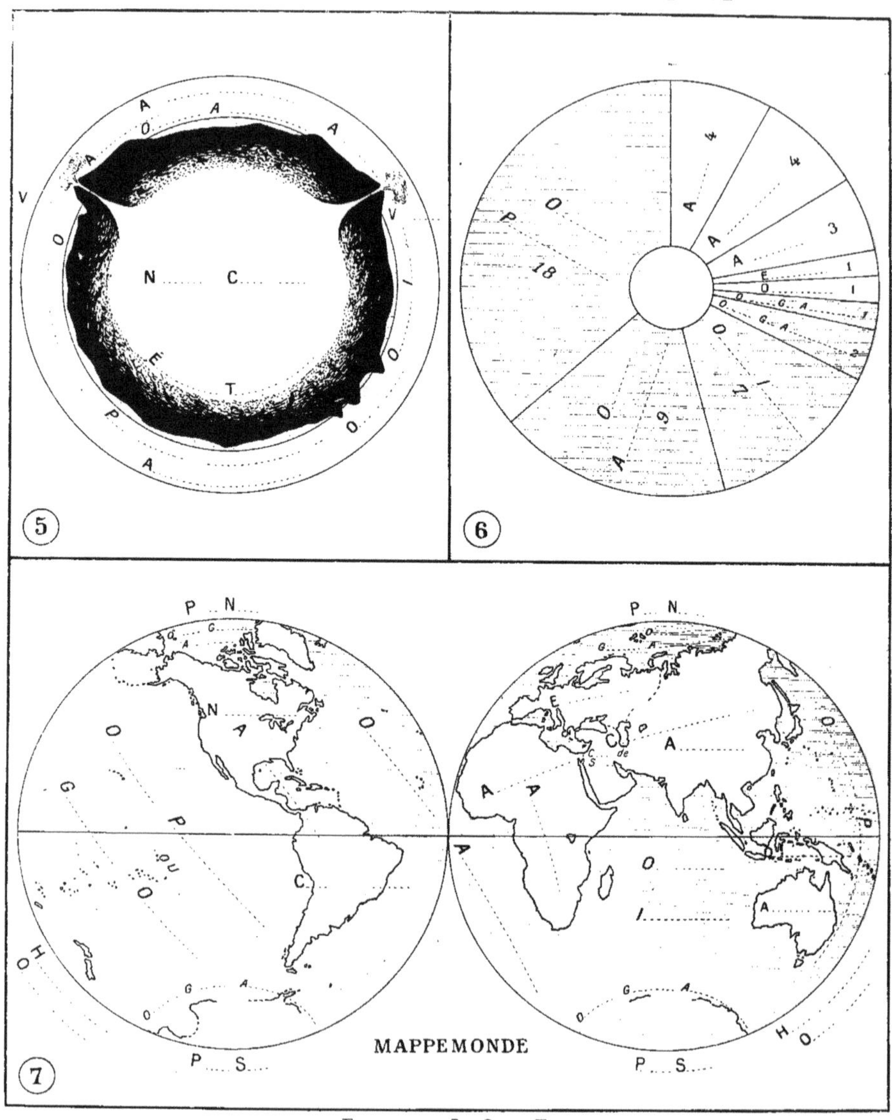


Exercices 5, 6 et 7

COURS DE GÉOGRAPHIE
POUR LES CLASSES DE L'ENSEIGNEMENT SECONDAIRE

PAR

Une Réunion de Professeurs.

# NOTIONS DE GÉOGRAPHIE GÉNÉRALE
# L'AMÉRIQUE ET L'OCÉANIE



## CLASSE DE SIXIÈME

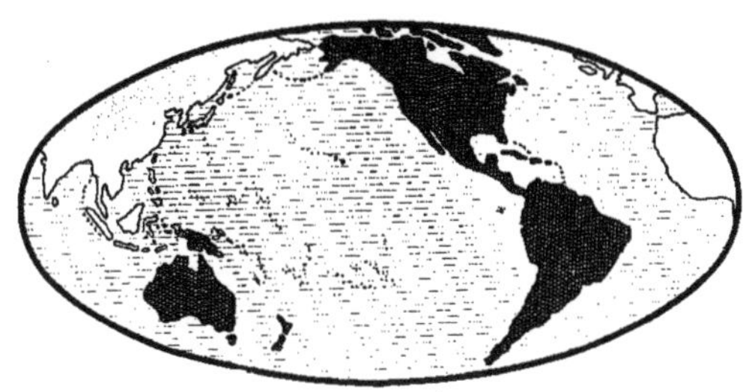

LIBRAIRIE GÉNÉRALE
77, Rue de Vaugirard
PARIS VIe

A. MAME ET FILS
Éditeurs
TOURS

J. DE GIGORD
15, Rue Cassette
PARIS VIe

## EXTRAIT DES PROGRAMMES DE L'ENSEIGNEMENT SECONDAIRE

*Décret du 3 Mai et Arrêté du 3 Décembre 1923.*

## CLASSE DE SIXIÈME

# GÉOGRAPHIE GÉNÉRALE — AMÉRIQUE — AUSTRALIE

I

GÉOGRAPHIE GÉNÉRALE. — Le Globe.

Notions élémentaires sur les pôles, l'équateur, les zones terrestres (1re et 2e) *.

Répartition des terres et des mers (14e).

Les terres : montagnes, plateaux et plaines (6e).

Volcans, tremblements de terre (4e).

Les mers : marées et courants. Les Côtes (7e et 8e).

Les climats : vents, pluies, températures (9e).

Les eaux terrestres : glaciers, torrents, fleuves et lacs (10e et 11e).

Les principales zones de végétation, la répartition des animaux et des hommes (12e).

Les races humaines, la vie sauvage et la vie civilisée (13e).

II

LES TERRES POLAIRES. — Notions élémentaires (15e).

AMÉRIQUE. — Notions de géographie physique (présentée dans l'ordre adopté pour l'exposé des notions de géographie générale) (16e).

Notions de géographie politique et économique. (Insister sur le Canada, les États-Unis, le Mexique, le Brésil, les États de la Plata et le Chili. Relations avec l'Europe, l'Asie et l'Océanie) (17e à 24e).

AUSTRALIE. — Australie, Nouvelle-Zélande (26e).

Principaux archipels de l'Océan Pacifique (25e).

(L'étude de l'Insulinde sera rattachée à l'étude de l'Asie.)

* Les chiffres entre parenthèses renvoient aux numéros des leçons correspondantes.

# TABLE DES MATIÈRES



*Chaque leçon tient en une page ou en deux pages se faisant face, de manière que le texte et la carte correspondante ne soient jamais séparés.*

# 1re Leçon. — LA TERRE DANS L'ESPACE

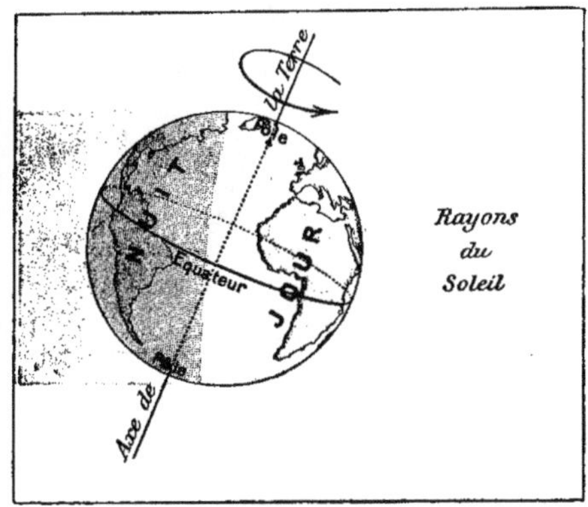


1. — Mouvement de la Terre sur elle-même.

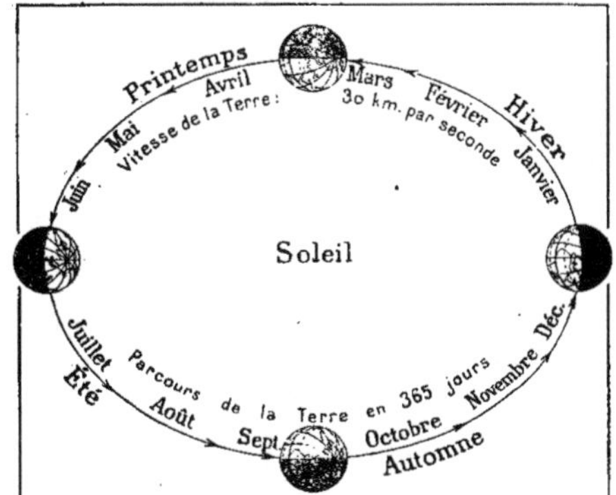


2. — Mouvement de la Terre autour du Soleil.

**1. Objet de la Géographie.** — La **Géographie** est la description de la Terre. Elle étudie sa position dans l'univers, sa forme et ses dimensions, sa composition et tout ce qui se trouve à sa surface : plaines et montagnes, fleuves et mers, plantes et animaux, pays et peuples.

**2. Forme de la Terre.** — **La Terre** est ronde comme une boule. On peut en faire le tour, de même qu'une fourmi fait le tour d'une orange.

**L'horizon** est le cercle qui borne notre vue au loin et semble réunir le ciel et la terre ; il est formé par la courbure de la Terre ; il recule à mesure qu'on avance et s'élargit à mesure qu'on s'élève.

**La Terre n'a aucun appui,** elle se soutient et se meut dans l'espace comme un ballon dans l'air.

**3. Dimensions de la Terre.** — La Terre est 49 fois plus volumineuse que la Lune et 1.300.000 fois plus petite que le Soleil.

Elle a 40.000 kilomètres de tour : c'est-à-dire à peu près 40 fois la longueur de la France du Nord au Sud.

Son diamètre moyen est de 12.732 kilomètres ; celui de la Lune est 4 fois plus petit et celui du Soleil 109 fois plus grand.

La surface de la Terre est de 510 millions de kilomètres carrés ; c'est environ 1.000 fois celle de la France.

**4. Mouvement de la Terre.** — La Terre n'est pas immobile : elle a deux mouvements réels qui correspondent aux deux mouvements apparents du Soleil.

1° Le Soleil semble faire, tous les jours, le tour de la Terre de l'Est à l'Ouest : en réalité c'est la Terre qui tourne sur elle-même, de l'Ouest à l'Est, en *un jour de* 24 heures.

2° Le Soleil semble se déplacer dans le ciel, par rapport aux étoiles : en réalité c'est la Terre qui tourne autour du Soleil, en *une année* de 365 jours 1/4.

L'orbite presque circulaire qu'elle trace est appelée ***écliptique*** parce que c'est dans son plan qu'ont lieu les éclipses de Soleil et de Lune.

**5. Mouvement de rotation.** — Le mouvement de la Terre sur elle-même est appelé **mouvement de rotation** ou **mouvement diurne.** Il produit la *succession du jour et de la nuit,* car, dans ce mouvement, tous les points de la surface de la Terre viennent successivement en face du Soleil. Il fait *jour* sur la moitié éclairée, et il fait *nuit* sur l'autre moitié. (*Voir 1re image.*)

**L'axe de la Terre** est la droite imaginaire autour de laquelle la Terre fait sa rotation.

**Les pôles** sont les deux points opposés où l'axe perce la surface de la Terre.

Le **pôle nord** ou **arctique** est tourné vers l'Étoile polaire ; le **pôle sud** ou **antarctique** est à l'opposé.

**6. Mouvement de révolution.** — Le mouvement de la Terre autour du Soleil est appelé **mouvement annuel** ou de **révolution.** (*Voir 2e image.*)

Ce mouvement annuel, joint à l'obliquité de l'axe de la Terre sur son orbite, produit l'*inégalité des jours et des nuits,* et la *succession des saisons : le printemps, l'été, l'automne* et *l'hiver,* car, dans ce mouvement, la Terre expose au Soleil, tantôt l'hémisphère nord, tantôt l'hémisphère sud.

Au **printemps** et en **automne**, les deux hémisphères sont à peu près également tournés vers le Soleil, les jours sont presque égaux aux nuits, et la chaleur est douce.

En **été**, l'hémisphère nord est tourné vers le Soleil, les jours sont plus longs que les nuits et la chaleur est forte. Le contraire a lieu dans l'hémisphère sud.

En **hiver**, l'hémisphère nord est tourné à l'opposé du Soleil, les jours sont plus courts que les nuits, et il fait froid. Le contraire a lieu dans l'hémisphère sud.

Chaque **saison** comprend trois **mois** :

Mars, Avril, Mai, pour le *Printemps ;*

Juin, Juillet, Août, pour l'*Été ;*

Septembre, Octobre, Novembre, pour l'*Automne ;*

Décembre, Janvier, Février, pour l'*Hiver.*

**DEVOIR ÉCRIT.** — 1. *Exercices 1 et 2 du Cahier de Croquis.*

# 2e Leçon. — COMMENT ON SE DIRIGE SUR LA TERRE

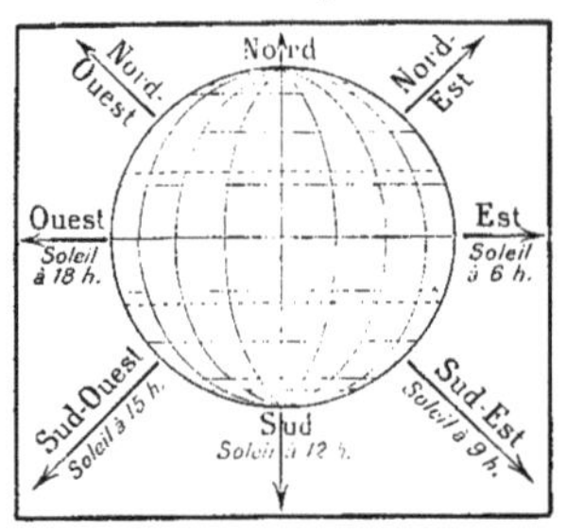


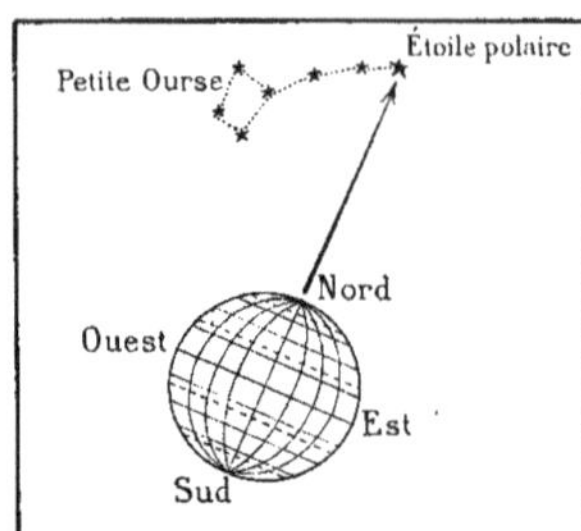


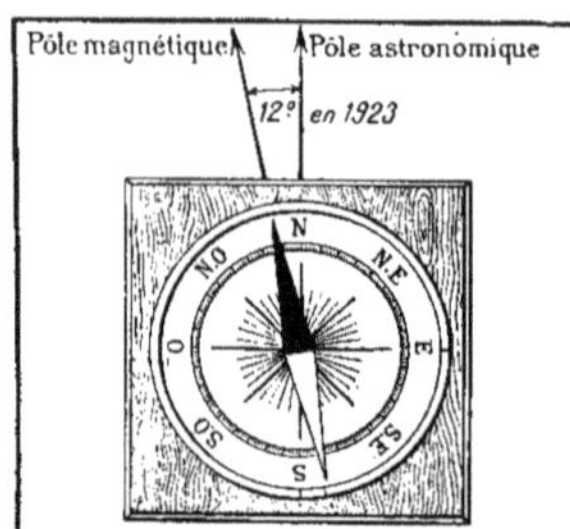


1. — **On s'oriente pendant le jour au moyen du Soleil, pendant la nuit au moyen de l'Étoile polaire, et en tout temps au moyen de la Boussole.**

**1. Moyens de se diriger sur la Terre.** — Pour se diriger sur l'immense surface de la Terre, on se sert des points cardinaux et des cercles de la sphère.

**2. Les points cardinaux** sont les quatre points principaux de l'horizon : l'Est, le Sud, l'Ouest et le Nord.

L'**Est**, appelé aussi *Orient* ou *Levant*, est le côté de l'horizon où le Soleil se lève.

Le **Sud** ou *Midi* est le côté de l'horizon où se trouve le Soleil à midi.

L'**Ouest**, appelé aussi *Occident* ou *Couchant*, est le côté de l'horizon où le Soleil se couche.

Le **Nord** ou *Septentrion* est le côté de l'horizon opposé au Sud. La nuit, il est indiqué par l'Étoile polaire.

Les **points collatéraux** sont des positions intermédiaires situés entre les points cardinaux. Ce sont : le *Nord-Est*, le *Nord-Ouest*, le *Sud-Est*, le *Sud-Ouest*.

Les points cardinaux et les points collatéraux s'indiquent, en abrégé, par la première lettre de leur nom : N pour Nord..., N-E pour Nord-Est...

**3. Orientation.** — **S'orienter** c'est reconnaître la direction de l'Orient et des autres points cardinaux.

**On s'oriente** de trois manières différentes (*V.* 1re *fig.*) :

1° Pendant le jour, *au moyen du Soleil* ; le matin il se trouve à l'Est ; à midi, au Sud ; le soir, à l'Ouest. (*Voir* 2e *fig.*).

2° Pendant la nuit, ***au moyen de l'Étoile polaire*** qui indique le Nord.

3° En tout temps, ***au moyen de la boussole*** dont l'aiguille aimantée se tourne toujours vers le Nord.

La **Rose des vents** est une figure qui indique la direction des points cardinaux et des points collatéraux.

**Sur les cartes**, on place le Nord en haut, le Sud en bas, l'Est à droite et l'Ouest à gauche. (*Voir* 3e *fig.*)

**4. Les Cercles de la Sphère** sont des cercles imaginaires que l'on suppose exister sur la surface de la Terre. Ils se divisent en ***grands cercles*** et en ***petits cercles***.

Les *grands cercles* partagent la sphère terrestre en deux parties égales : ce sont l'*équateur* et les ***méridiens***.

Les *petits cercles* partagent la sphère en deux parties inégales ; on leur donne le nom de ***parallèles***, parce qu'ils sont parallèles à l'équateur.

Chaque cercle se divise en 360 parties égales appelées *degrés* (360°) ; le degré se divise en 60 ***minutes*** (60') et la minute en 60 ***secondes*** (60").

La *valeur d'un degré* en kilomètres est la même pour

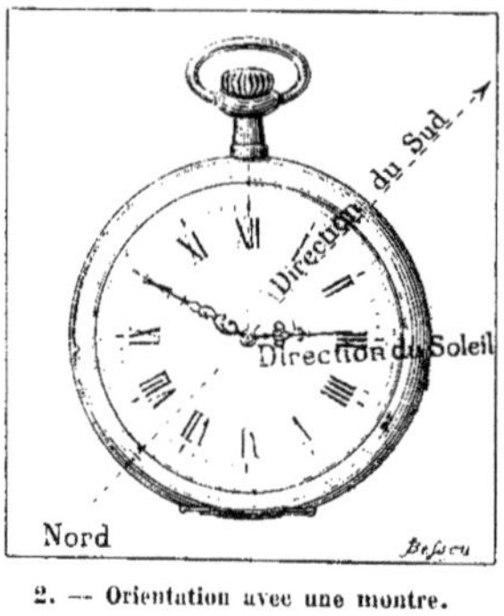

2. — **Orientation avec une montre.**

Pendant le jour on peut trouver l'orientation à peu près exacte à l'aide d'une montre posée à plat sur la main, la petite aiguille tournée vers le soleil. La direction de la bissectrice de l'angle aigu formé par la petite aiguille et le chiffre XII du cadran donne la direction du Sud.

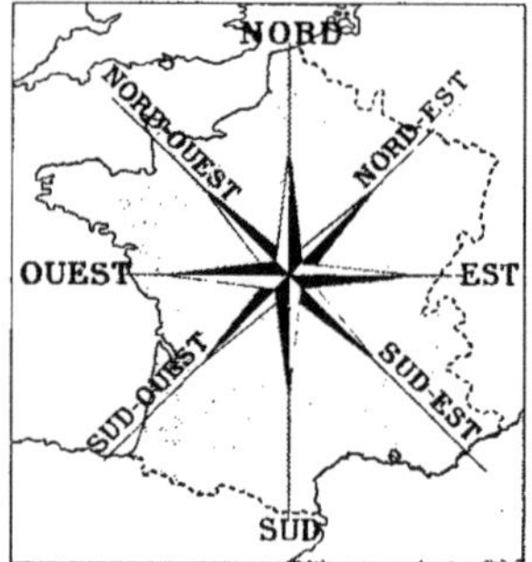


3. — **La Rose des Vents.**

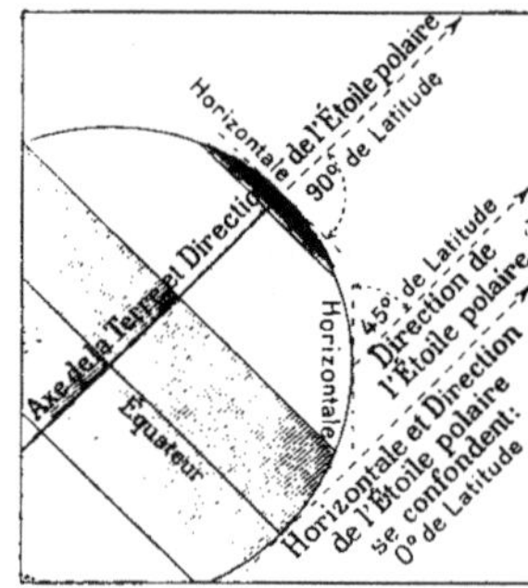


4. — **Comment on trouve la latitude.**

Dans l'hémisphère nord, la latitude d'un lieu égale l'angle aigu formé par la direction de l'Étoile polaire et l'horizontale du lieu. A l'équateur, où l'Étoile polaire rase l'horizon, la latitude est O. Vers le centre de la France, où la direction de l'Étoile polaire fait, avec l'horizontale, un angle de 45°, on est au 45° de latitude Nord.

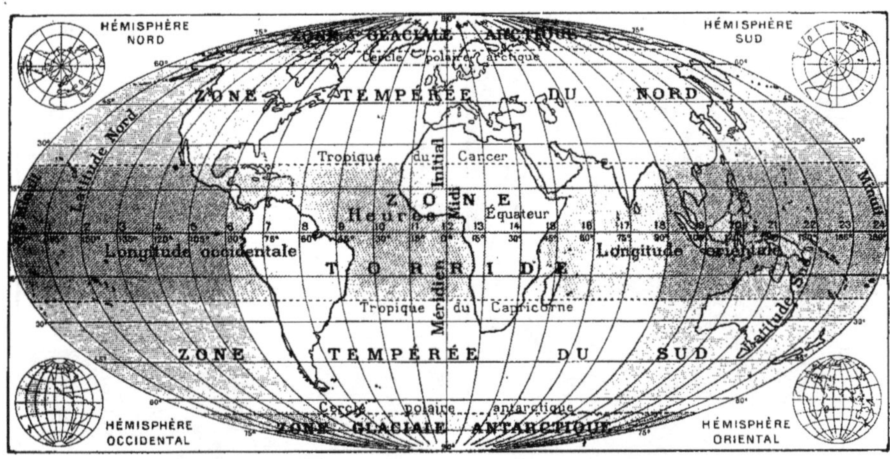


5. — **Hémisphères. — Parallèles, latitudes et zones. — Méridiens, longitudes et fuseaux horaires.**

**tous les grands cercles**, environ 111 kilomètres (**40.000 km. : 360** = 111 km. 111) ; mais elle varie d'un **petit cercle à un autre.**

**5. Équateur et Parallèles.** — L'Équateur est un grand **cercle qui passe à égale distance** des deux pôles. Il divise **la sphère en deux moitiés** : l'***hémisphère nord*** ou ***boréal*** **et l'*hémisphère sud*** ou ***austral.***

Les **parallèles** sont des petits cercles, parallèles à l'équateur. Ils déterminent la *latitude.*

La **latitude** d'un lieu est la distance en degrés de ce lieu à l'équateur.

On compte 90° de latitude nord et 90° de latitude sud. Dans l'hémisphère nord, la latitude d'un lieu équivaut à l'angle aigu formé par la direction de l'Étoile polaire avec l'horizontale. (*Voir 4e fig.*)

Les parallèles qui ont des noms particuliers sont les deux ***tropiques*** et les deux *cercles polaires.* Ils limitent les ***zones terrestres.***

Les **tropiques** sont des parallèles éloignés de l'équateur de 23°27'. Un jour par an ils reçoivent d'aplomb les rayons du Soleil : le tropique du nord au solstice d'été, et celui du sud, au solstice d'hiver.

Le Tropique du nord est appelé *Tropique du Cancer,* et celui du sud, *Tropique du Capricorne.*

Les **cercles polaires** sont des parallèles éloignés des pôles de 23°27'. Celui du nord se nomme *Cercle polaire arctique,* et celui du sud, *Cercle polaire antarctique.* Ils sont à la limite des jours et des nuits de plus de 24 heures.

**6. Zones terrestres.** — Les **zones terrestres** sont de grandes bandes circulaires limitées par les tropiques et les cercles polaires ; elles sont caractérisées par des températures différentes.

Il y a cinq zones : la **zone torride** ou très chaude s'étend de chaque côté de l'équateur jusqu'aux tropiques ; les **deux zones tempérées** sont comprises entre les tropiques et les cercles polaires ; les **deux zones glaciales** sont situées autour des pôles et s'étendent jusqu'aux cercles polaires. (*Voir 5e fig.*)

**7. Méridiens.** — Les **méridiens** sont de grands cercles qui passent par les pôles. Ils déterminent la ***longitude*** et limitent les ***fuseaux horaires.***

Chaque méridien partage la sphère en deux moitiés : l'***hémisphère oriental*** et l'***hémisphère occidental.***

On peut supposer une infinité de méridiens : autant que de points sur l'équateur.

On appelle **premier méridien**, *méridien initial* ou *méridien d'origine,* celui qui sert de point de départ dans le calcul des longitudes ; il est marqué 0 sur les cartes

Il n'y a pas de méridien initial universel. En France on adopte celui de Paris ; en Angleterre et dans d'autres pays, celui de Greenwich (prononcez *grinitch*), près de Londres, à 2°20' ouest de Paris.

Les **fuseaux horaires** sont les 24 divisions, ou bandes fuselées, limités par deux méridiens distants l'un de l'autre de 15°. Ils correspondent au déplacement d'un point quelconque de la Terre, en une heure, dans son mouvement sur elle-même. (360° : 24 = 15° par heure.)

L'Europe appartient à trois fuseaux horaires : Europe occidentale, Europe centrale et Europe orientale ; chaque fuseau est en retard d'une heure sur le précédent. Ainsi, quand il est midi en France, il est 13 heures en Allemagne et 14 heures en Russie.

La **longitude** d'un lieu est la distance, en degrés, de ce lieu au méridien initial. On la détermine par la différence d'heure de ce lieu et du méridien initial : 1 heure correspond à 15° ; 4 minutes à 1° ($60^{mn}$ : 15 = $4^{mn}$).

On compte 180° de longitude orientale et 180° de longitude occidentale.

La **position astronomique d'un lieu**, sur le Globe ou sur une carte, est déterminée par sa longitude et sa latitude, c'est-à-dire par le point de rencontre du méridien et du parallèle de ce lieu.

**DEVOIR ÉCRIT.** — 1. *Exercices 3 et 4 Cahier de Croquis.* — 2. *Quel cercle de la sphère suivriez-vous en allant du Nord au Sud ? De l'Est à l'Ouest ?* — 3. *Venise est à 10° de longitude orientale, quelle heure est-il à Venise lorsqu'il est midi à Paris ?* — 4. *Il est midi à Mexico lorsqu'il est 18 h. 44 à Paris ; quelle est la longitude de Mexico ?*

## 3e Leçon. — REPRÉSENTATION DE LA TERRE : GLOBES ET CARTES

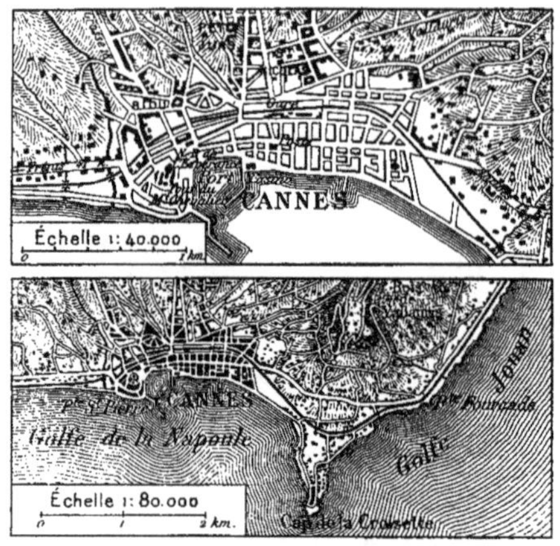


1. — Plan de Cannes et Carte de ses environs.

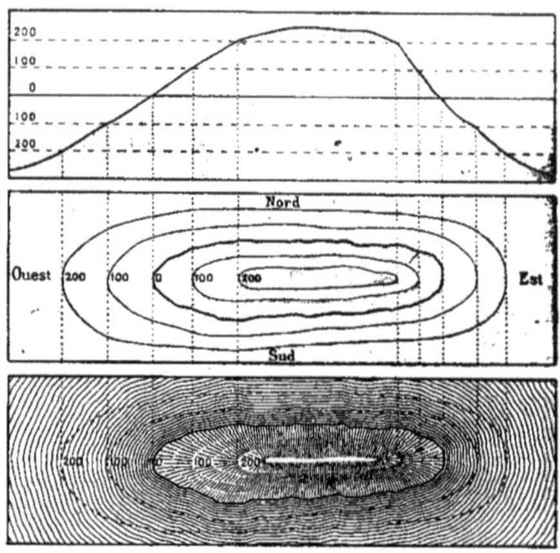


2. — Manière de représenter le relief.

**1. Manières de représenter la Terre.** — On représente la Terre par des *globes terrestres*, et les détails de sa surface par des *plans* et des *cartes*.

**2. Globes terrestres.** — Les **globes terrestres** sont des sphères qui représentent la Terre, et sur lesquelles on a dessiné les grandes divisions géographiques. Ils donnent une idée assez exacte de la Terre, puisqu'ils sont ronds comme elle ; mais, comme ils ne peuvent être très grands, on est obligé de représenter les détails de la surface de la Terre au moyen de plans et de cartes géographiques.

**3. Plans et échelles.** — Un **plan** est le dessin d'un objet vu par-dessus.

L'échelle d'un plan est le rapport qu'il y a entre les longueurs des lignes du plan et les longueurs réelles de l'objet qu'il représente. Dire qu'une échelle est au *quarante millième*, signifie qu'un millimètre sur le plan représente quarante mille millimètres, ou 40 mètres sur le sol. (*Voir figure* 1.)

**4. Cartes et Atlas.** — Une **carte** est un plan à petite échelle : ainsi on fait le plan d'une maison, d'une propriété, d'une localité ; mais on fait la carte d'un département, d'une région, d'un pays.

Les **cartes topographiques** sont dressées à une assez grande échelle ; elles indiquent tous les accidents du sol. La carte de l'État-Major à 1 : 80.000 est une carte topographique. (*Voir fig.* 1.)

Les **cartes géographiques** sont dressées à une petite échelle : elles indiquent seulement les principaux accidents de la surface du sol.

La **mappemonde** (*le monde sur une nappe*), ou le **planisphère** (*la sphère sur un plan*), est une carte qui représente toute la surface de la Terre, soit en deux hémisphères (*Voir page* 26), soit sous la forme d'une ellipse, dont la longueur égale deux fois la largeur (*Voir page* 7).

Un **atlas** est un livre qui contient des cartes géographiques.

**5. Représentation du relief du sol.** — Le **relief du sol** est l'ensemble des inégalités de la surface de la Terre.

**Sur les cartes géographiques on représente le relief** du sol par des *teintes conventionnelles*, limitées par des *courbes de niveau*. (*Voir fig.* 2.)

Les **courbes de niveau** sont des lignes qui représentent les différents rivages que formeraient les eaux de la mer si elles s'élevaient ou s'abaissaient à ces divers niveaux. Ainsi la courbe 0 est le rivage actuel de la mer ; les courbes de 100 et de 200 mètres représentent les rivages que formerait la mer si elle s'élevait à 100 ou à 200 mètres ; ou bien, lorsqu'il s'agit des profondeurs marines, si la mer baissait de 100 ou de 200 mètres.

La différence d'écartement entre deux courbes indique une différence de pente : plus l'écartement est faible, plus la pente est forte.

**Sur certaines cartes topographiques**, comme la carte de l'État-Major à 1 : 80.000, on remplace les teintes, entre les courbes de niveau, par des *hachures*. Ces petits traits sont dirigés dans le sens de la plus forte pente et sont d'autant plus serrés que la pente est plus forte. Les parties planes sont laissées en blanc. Dans ces cartes, les courbes ont été supprimées, mais elles se devinent aisément aux limites des hachures. (*Voir fig.* 2.)

**6. Principales cartes topographiques françaises.** — La *Carte de l'État-Major*, à 1 : 80.000, en noir, représente le relief par des hachures.

La *Nouvelle Carte de l'État-Major*, à 1 : 50.000, en couleurs, représente le relief par des courbes de niveau estompées.

La *Carte du Ministère de l'Intérieur* ou du *Service vicinal*, à 1 : 100.000, en couleurs, figure le relief par un estompage et des cotes d'altitude.

La *Carte du Dépôt des fortifications*, à 1 : 500.000, en couleurs, indique le relief par des courbes et des hachures.

DEVOIR ÉCRIT. — 1. *Quelle distance y a-t-il entre New-York et San Francisco, page 38 ; entre Sydney et Panama page 48 ?*

# 4e Leçon. — COMPOSITION DU GLOBE TERRESTRE

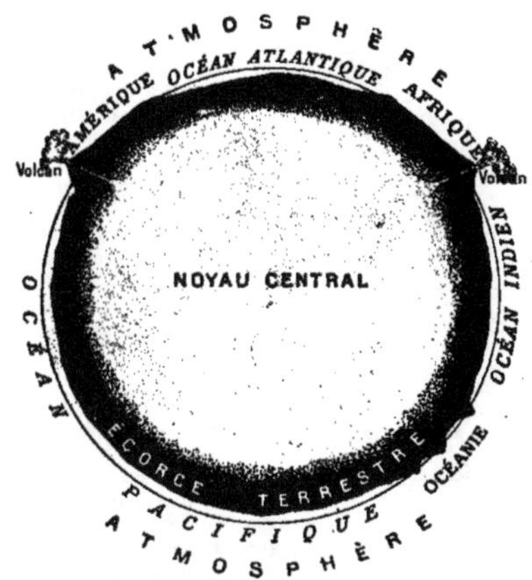


1. — **Composition du Globe terrestre.** Le Globe terrestre est formé d'un *noyau central* que l'on croit incandescent et qu'entoure une enveloppe solide, l'*écorce terrestre*. Cette écorce est recouverte, aux trois quarts, d'une couche liquide, la *mer*, et elle est entourée d'une enveloppe gazeuse, l'*atmosphère*.

**1. Formation du Globe terrestre.** — On suppose généralement qu'à l'origine la Terre était une *masse gazeuse* en feu. Par l'effet du refroidissement, cette masse gazeuse se contracta en un *noyau incandescent*, dont l'extérieur se solidifia ensuite, peu à peu, pour former l'*écorce terrestre*. Sur cette écorce, les vapeurs se condensèrent en *eau*, tandis que les parties gazeuses, plus légères, devinrent l'*atmosphère*.

Ainsi, le Globe terrestre est constitué par le *noyau central* qu'on suppose incandescent, et par l'*écorce terrestre* que recouvre, aux trois quarts, une couche liquide, la *mer*, et qu'entoure une enveloppe gazeuse, l'*atmosphère*. (*Voir 1re image.*)

**2. Noyau central.** — Selon toute apparence, l'intérieur du Globe serait formé de matières en fusion : *l'élévation de la température à mesure qu'on pénètre dans le sol*, les *sources thermales*, les matières brûlantes rejetées par les *volcans*, et les *tremblements de terre*, en paraissent des preuves.

**3. Élévation de la température avec la profondeur.** — A mesure qu'on pénètre dans le sol, on constate que la température s'élève d'un degré tous les 36 mètres environ. Si cette augmentation est constante, à 60 ou 80 kilomètres de profondeur la chaleur doit être telle que tous les corps y sont en fusion.

**4. Eaux thermales.** — En traversant les couches profondes du sol, les eaux d'infiltration s'échauffent et dissolvent des substances minérales qui leur donnent des propriétés médicales fort recherchées.

Les **eaux minérales** qui ont plus de 20 degrés sont appelées **thermales.**

Les **eaux minérales et thermales** se rencontrent surtout au voisinage des montagnes. Aucune région du Globe n'en possède autant que les Pyrénées.

Les **geysers** sont des sources thermales intermittentes qui jaillissent à des hauteurs variables allant jusqu'à 50 mètres. Les plus célèbres sont ceux d'Islande et des Monts Rocheux, aux États-Unis.

**5. Volcans.** — Un volcan est une montagne qui lance, par une ouverture appelée *cratère*, des gaz brûlants et des matières fondues nommées *laves*.

En se refroidissant, les laves durcissent et constituent les terrains éruptifs ou volcaniques.

Sur 800 volcans disséminés à la surface du Globe, 500 n'ont pas eu d'éruption depuis des siècles ; ce sont les *volcans éteints :* tels les volcans d'Auvergne.

Les 300 autres sont en activité plus ou moins régulière et violente.

Les volcans se trouvent généralement au sommet des puissants plissements qui avoisinent les grandes dépressions. Ils s'alignent presque tous autour de la grande dépression du Pacifique et le long de la dépression méditerranéenne qui va des Antilles à l'Insulinde en passant par notre Méditerranée.

Ceux qui entourent le Grand Océan forment une ligne si continue qu'on l'a appelée le *Cercle de feu du Pacifique.*

C'est au point de contact de ces deux régions, l'Amérique centrale et l'Insulinde, que l'activité volcanique est la plus active. (*Voir la carte ci-dessous*).

**6. Tremblements de Terre.** — Les tremblements de terre sont des secousses de l'écorce terrestre. Ils renversent les édifices, déforment et crevassent la surface du sol ; en mer, ils produisent des vagues énormes appelées *raz-de-marée*.

**DEVOIR ÉCRIT.** — 1. *Exercice 5 du Cahier de Croquis.* — 2. *Quelle ressemblance et quelle différence y a-t-il 1° entre une source thermale et un geyser ? 2° entre un geyser et un volcan ?*

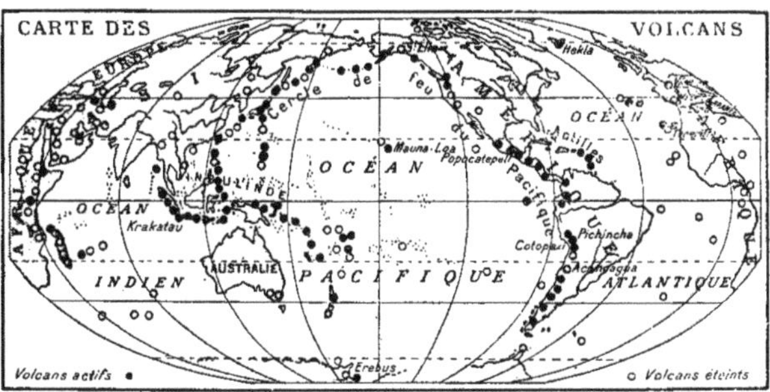

# 5e Leçon. — L'ÉCORCE TERRESTRE ET LA NATURE DU SOL

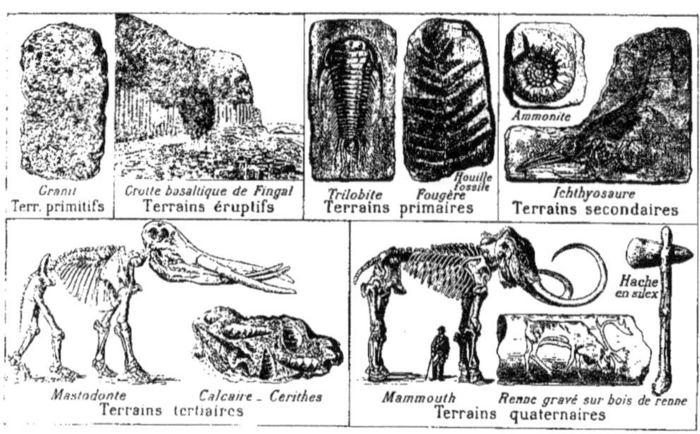


1 — Roches et fossiles.

**1. Structure de l'écorce terrestre.** — L'écorce terrestre est l'enveloppe extérieure et solide du Globe. D'abord très mince, *elle s'est épaissie* peu à peu : à l'intérieur, par l'adjonction des matières refroidies du noyau central ; à l'extérieur par le dépôt des matières dissoutes dans les eaux, ainsi que par les coulées de laves venant de l'intérieur.

Par suite de la contraction du noyau central, due au refroidissement, l'*écorce terrestre s'est plissée* à la façon de la peau d'un fruit qui se dessèche. Les eaux se sont accumulées dans les parties creuses pour former les *océans*, tandis que les parties plus élevées ont formé les *continents* et les *îles*.

**2. Sortes de roches.** — On appelle roches toutes les matières solides minérales qui composent l'écorce terrestre

Il y a des *roches cristallines* et les *roches sédimentaires*.

Les **roches cristallines** sont dues à la solidification des matières incandescentes provenant du noyau central. Elles sont très dures et généralement formées de petits cristaux agglomérés, d'où est venu leur nom.

Les **roches sédimentaires** proviennent du dépôt des matières entraînées par les eaux, et formées par la décomposition des roches cristallines qui ont produit les *sables*, les *argiles* et les *calcaires*. Elles sont disposées en couches plus ou moins parallèles comme on peut le remarquer le long des tranchées de chemin de fer.

**3. Age des roches.** — On trouve souvent, mêlés aux roches, des restes ou des empreintes de végétaux ou d'animaux : ce sont des *fossiles ;* elles servent à déterminer l'âge ou l'ancienneté relative des roches.

Les **roches cristallines** ne présentent pas de fossiles ; elles forment les *terrains primitifs*, composés surtout de granit, et les *terrains éruptifs*, formés de laves volcaniques.

Les **roches sédimentaires** portent des traces d'êtres organisés et d'autant plus perfectionnés que les roches sont plus récentes. D'après l'âge respectif de ces roches on a divisé les terrains qu'elles composent en quatre classes : les *terrains primaires, secondaires, tertiaires et quaternaires*, auxquels on ajoute les *terrains modernes* ou *terre végétale*.

*a*) Les **terrains primaires** sont formés de roches sédimentaires transformées par la chaleur et la pression qu'elles ont subies. C'est ainsi que les argiles sont devenues des schistes ou ardoises ; les sables, des grès durs ; les calcaires, des marbres. Ces terrains renferment de la houille et des fossiles de plantes et d'animaux d'une organisation très simple, comme les fougères, les mollusques, et les annelés, tels que les trilobites, caractéristiques des terrains primaires.

*b*) Les **terrains secondaires** sont formés surtout de calcaires compacts et de craie. Ils renferment du minerai de fer et de nombreux fossiles de poissons, d'oiseaux, et de reptiles gigantesques, tels que l'ichthyosaure. Les ammonites, mollusques à coquille en spirale plate, caractérisent les terrains secondaires.

*c*) Les **terrains tertiaires** sont formés d'argiles, de grès tendres, de meulières, et de calcaires grossiers pétris de fossiles, tels que les cérithes à coquille allongée en spirale qui caractérisent les terrains tertiaires. Ces terrains renferment des fossiles de la plupart des végétaux et des animaux actuels, et des squelettes de grands mammifères disparus, tels que le mastodonte.

*d*) Les **terrains quaternaires** sont formés de sables et de limons. Ils renferment des pierres et des métaux précieux : diamants, or, platine ; des restes de grands mammifères disparus, tels que le mammouth, et les premières traces de l'homme : squelettes, os gravés, pierres taillées.

Ainsi la science s'accorde avec la Bible pour reconnaître que l'homme ne fut créé que lorsque la Terre était prête pour le recevoir.

*e*) La **terre végétale** est la couche superficielle du sol. Elle est formée des roches inférieures émiettées par les instruments aratoires, décomposées par l'humidité et mêlées aux débris des plantes et des animaux.

**DEVOIR ÉCRIT.** — 1. *Exercice 8 du Cahier de Croquis.*

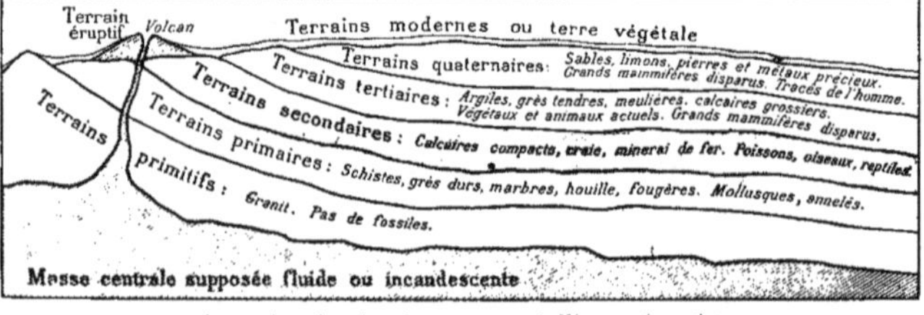


2. — Age des terrains composant l'écorce terrestre.

# 6e Leçon. — LE RELIEF DU SOL

1. — **Quelques formes du relief.** — Montagne avec cime ou sommet (1), flanc ou versant (2), pied ou base (3). — Chaîne de montagnes (9). — Autre chaîne dont les sommets forment une crête (14). — Montagne élevée portant un glacier (7). — Pic, aiguille ou dent (8). — Dôme ou ballon (10). — Volcan en éruption (11) et montagne volcanique (12). — Col ou passage (13). — Défilé ou gorge (6). — Vallée (4) parcourue par un cours d'eau (5). — Plateau (15). — Colline, coteau, butte ou monticule (16 et 17). — Plaine (18).

**1. Le Relief du sol** est l'ensemble des inégalités de la surface de la Terre.

**L'altitude** d'un lieu est sa hauteur au-dessus du niveau de la mer.

Les principales **formes du relief** sont : la *montagne*, le *plateau*, et la *plaine*.

**2. Les montagnes** sont de grandes élévations du sol au-dessus des parties environnantes. Leur point le plus élevé s'appelle *sommet ou cime ;* leur point le plus bas, *pied* ou *base ;* la partie comprise entre le pied et le sommet, *flanc* ou *versant.*

Les montagnes varient beaucoup d'aspect suivant leur origine, leur âge et leur disposition.

**1° D'après leur origine** on distingue les montagnes de plissement et de rupture, dues à des mouvements de l'écorce terrestre ; les *montagnes volcaniques*, produites par l'accumulation des matières vomies par les volcans (*Voir fig.* 1, *n°* 11 *et fig.* 2) ; les *montagnes d'érosion*, formées par les eaux qui ont entraînées les parties voisines (*Voir fig.* 1, *n°* 16 *et* 17.

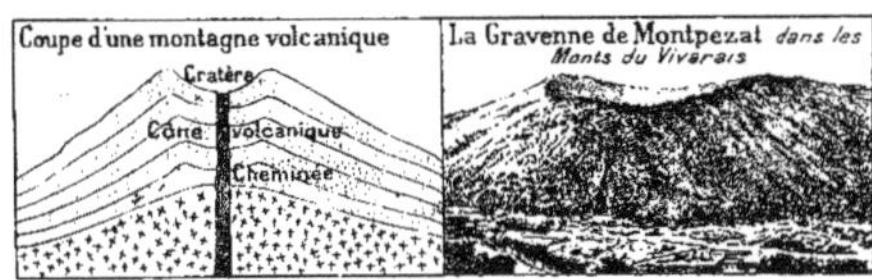


2. — **Les montagnes volcaniques** sont l'œuvre des volcans qui ont accumulé, autour de leur cratère, des matières solides ou peu fluides. Ces montagnes ont des formes coniques à pentes raides comme la Gravenne de Montpezat dans les Cévennes.

**2° D'après leur âge** on distingue les montagnes jeunes et les montagnes vieilles.

*a*) Les *montagnes jeunes*, comme les Alpes, ont des formes déchiquetées et des sommets aigus appelés pics, aiguilles, dents. (*Voir* 1re *fig.*, *n°* 8.)

*b*) Les *montagnes vieilles*, comme les Vosges, ont des formes usées et aplanies et des sommets arrondis appelés dômes ou ballons. (*Voir* 1re *fig.*, *n°* 10.)

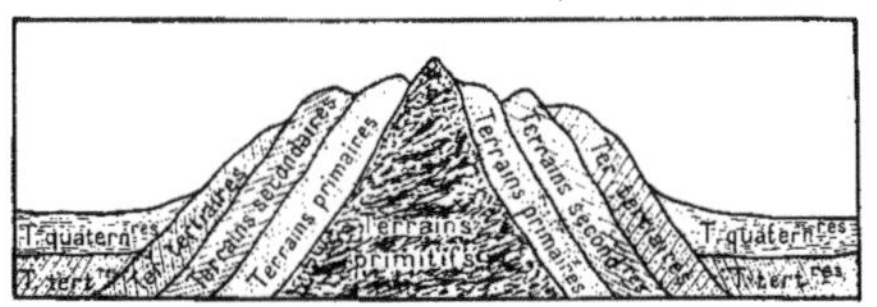


3. **Age géologique d'une montagne.**

Les formes jeunes ou vieilles d'une montagne ne donnent pas l'époque géologique de sa formation. Cette époque est déterminée par les terrains qui constituent la montagne. Ainsi, comme le montre la figure 3, le soulèvement des Alpes a eu lieu vers le milieu de l'époque tertiaire puisque les granits de la partie centrale de la chaîne ont déchiré et soulevé les terrains sédimentaires primaires, secondaires et tertiaires qui les recouvraient et, depuis leur soulèvement, il s'est formé à leur base des couches de terrains tertiaires et quaternaires.

**3° D'après leur disposition** on distingue les montagnes isolées et les montagnes groupées.

*a*) Une *montagne isolée* s'appelle *mont.*

*b*) Les *montagnes groupées* forment des *chaînes*, lorsqu'elles sont alignées les unes à la suite des autres, comme les anneaux d'une chaîne métallique ; et des *massifs*, lorsqu'elles sont groupées sans ordre autour de l'une d'elles. La *crête* est la ligne des sommets.

**3. Les passages entre des montagnes** portent le nom de *cols*. On les appelle *gorges* ou *défilés* lorsqu'ils sont étroits ; *vallées*, lorsqu'ils sont larges et parcourus par un cours d'eau. Une *petite vallée* est un *val* ou *vallon.*

**4. Les Plateaux** tiennent de la montagne par leur altitude et de la plaine par leur horizontalité ; cependant les plateaux sont rarement aussi unis que les plaines ; ils sont souvent ondulés de hauteurs et sillonnés de vallées qui les découpent en plateaux particuliers.

Les plateaux ont été produits, soit par le soulèvement de l'écorce terrestre, soit par l'érosion ou l'usure de vieilles montagnes. (*Voir fig.* 1 *n°* 15 *et fig.* 4.)

**5. Les plaines** sont de grandes étendues de terrain presque plat et de faible altitude. (*Voir fig.* 1, *n°* 18.)

Elles proviennent d'anciens fonds de mer ou de lacs qui n'ont pas subi de déformations ; ou bien du dépôt d'alluvions fluviales ou glaciaires.

De même que les plateaux, les plaines sont rarement tout unies ; elles le sont d'autant moins qu'elles sont plus vieilles, car les eaux ont eu plus de temps pour les raviner.

**DEVOIR ÉCRIT.** — *Exercices* 9 *du Cahier de Croquis.* — 2. *Pourquoi les montagnes les plus anciennes sont-elles, en général, les moins hautes et les plus arrondies ?*

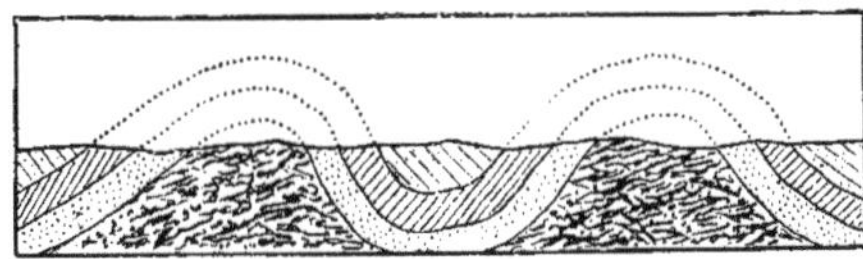

4. — **Les plateaux d'érosion** sont d'anciennes montagnes que les agents atmosphériques ont rabotées jusqu'à la base, et dans lesquelles on distingue les différentes couches de terrains jadis plissées et dont il ne reste que la racine. On les appelle *pénéplaines*.

# 7e Leçon. — LA MER

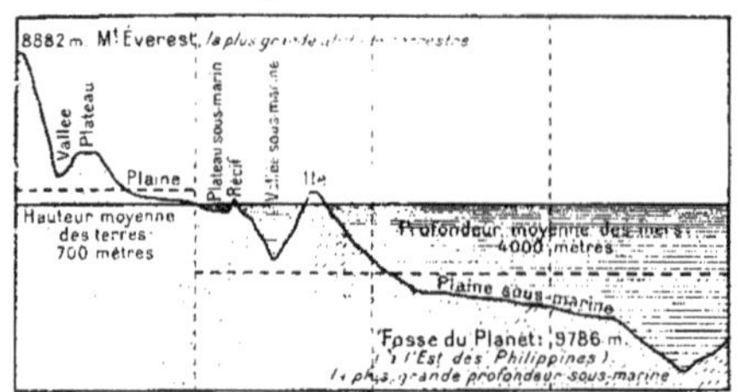


Relief sous-marin.

1. **L'Océan** est l'ensemble des eaux salées qui couvrent les trois quarts du Globe.

Une *mer* est une partie de l'Océan.

On distingue : les *mers intérieures*, comme la Caspienne, qui n'ont aucune communication avec l'Océan, et les *mers fermées*, comme la Méditerranée, qui ne communiquent avec l'Océan que par d'étroits passages.

2. **Relief et profondeur de l'Océan.** — Le fond de la mer n'est pas uni ; son relief ressemble à celui des continents : il y a des plaines et des vallées, des plateaux formant des hauts fonds souvent couverts d'écueils, et des montagnes dont les sommets sont des îles. Le relief sous-marin a des formes plus adoucies que le relief continental à cause de la couche plus ou moins épaisse de dépôts formés des débris que la mer arrache aux rivages ou que les fleuves lui apportent, ou bien des dépouilles des myriades d'animalcules vivant dans les eaux.

Si le fond de la mer était nivelé, la profondeur des eaux serait de 4.000 mètres, tandis que les terres nivelées n'auraient que 700 mètres d'altitude.

La plus grande profondeur connue de l'Océan est de 9.786 mètres, à l'Est des Philippines.

En général, à des montagnes succède une mer profonde, et à des plaines, une mer peu profonde.

3. **Propriétés de l'eau de mer.** — L'*eau de mer est salée*, ce qui la rend plus dense que l'eau douce ; sa densité est de 1,028. Elle contient en moyenne 35 g. de sel par litre d'eau.

La salinité diminue avec l'apport d'eau douce, et elle augmente avec l'évaporation. La Baltique, où débouchent de grands fleuves et qui n'a qu'une faible évaporation, ne possède que 3 grammes de sel par litre d'eau, tandis que la Mer Rouge, privée presque complètement de pluie et de tributaires, et soumise à une forte évaporation, a 42 grammes de sel par litre. La partie méridionale de la Mer Morte contient 210 grammes de sel par litre, et le Grand Lac Salé des Monts Rocheux, 220 grammes.

Dans certains lacs intérieurs, l'apport d'eau douce est si faible et l'évaporation si forte qu'ils finissent par se dessécher, ne laissant qu'une couche de sel comme témoin de leur ancienne existence. Ce sont d'anciens lacs ou mers desséchés, ayant déposé leur sel, qui forment aujourd'hui les mines et les carrières de sel gemme.

L'*eau de mer est incolore* prise en petite quantité, mais vue en masse, sa couleur varie du bleu au vert. Les mers chaudes sont généralement bleues, tandis que les mers froides sont verdâtres. La coloration particulière à certaines mers est due à des matières étrangères contenues dans les eaux.

A la surface, les eaux de la mer s'échauffent et se refroidissent plus lentement que les terres. Leur *température* diminue avec la profondeur, mais elle ne descend pas au-dessous de — 2° ou — 3°, même dans les plus grandes profondeurs. (A cause de sa salinité l'eau de mer ne gèle qu'à — 3°).

4. **Mouvements des eaux de la mer.** — Les eaux de la mer sont soumises à divers mouvements : les *vagues*, les *marées* et les *courants*.

Ces mouvements empêchent les eaux de se corrompre et y introduisent l'air nécessaire aux animaux et aux plantes qui vivent dans leur sein.

5. **Les vagues** sont les mouvements irréguliers de la surface de l'eau agitée par le vent. Un vent faible rend la *mer houleuse ;* si le vent est fort *la mer moutonne, les vagues écument et déferlent ;* les vagues déferlent aussi sur les côtes basses pendant les tempêtes tandis qu'elles s'élèvent très haut et se brisent avec fracas sur les côtes élevées.

6. **La marée** est le mouvement régulier des eaux de la mer qui s'avancent vers le rivage puis s'en éloignent. Ce mouvement est produit, surtout, par l'attraction de la Lune ; il a lieu deux fois toutes les 24 h. 50 min., c'est-à-dire pendant la durée d'un jour lunaire. L'attraction du Soleil, trois fois plus faible que celle de la Lune, augmente ou diminue l'amplitude des marées suivant le cas. Quand les deux attractions s'ajoutent, ce qui a lieu lorsque les trois astres sont en ligne, c'est-à-dire à la Pleine et à la Nouvelle Lune, il y a les fortes marées ou vives eaux. Quand les deux attractions se contrarient, ce qui a lieu lorsque les deux astres forment un angle droit avec la terre, c'est-à-dire aux premier et au dernier quartier, il y a les faibles marées, ou mortes eaux.

La *marée montante* ou le *flux* est le mouvement des eaux de la mer qui s'avancent vers les côtes.

La *marée descendante* ou le *reflux* est le mouvement des eaux de la mer qui s'éloignent des côtes.

Chacun de ces mouvements dure un peu plus de 6 heures. Le flux est séparé du reflux par un temps d'arrêt de 7 ou 8 minutes qui porte le nom de marée haute ; de même le reflux est séparé du flux par 7 ou 8 minutes de marée basse ; durant ces temps d'arrêt on dit que la mer est *étale*.

La *hauteur des marées* ne dépasse pas un mètre en pleine mer ; elle augmente considérablement dans les golfes resserrés ; elle atteint 15 mètres dans la Baie de Saint-Michel, et 21 mètres dans la Baie de Fundy, sur les côtes canadiennes de l'Atlantique.

La marée est faible ou nulle dans les mers fermées et intérieures comme la Méditerranée et la Caspienne.

7. **Les courants marins** sont d'immenses fleuves coulant au milieu des Océans. Leur lit est formé par des eaux presque immobiles et de température différente. Ils doivent leur impulsion aux vents dominants. Leur température, qui les divise en courants chauds et courants froids, est due aux mers chaudes ou froides dans lesquelles ils prennent naissance.

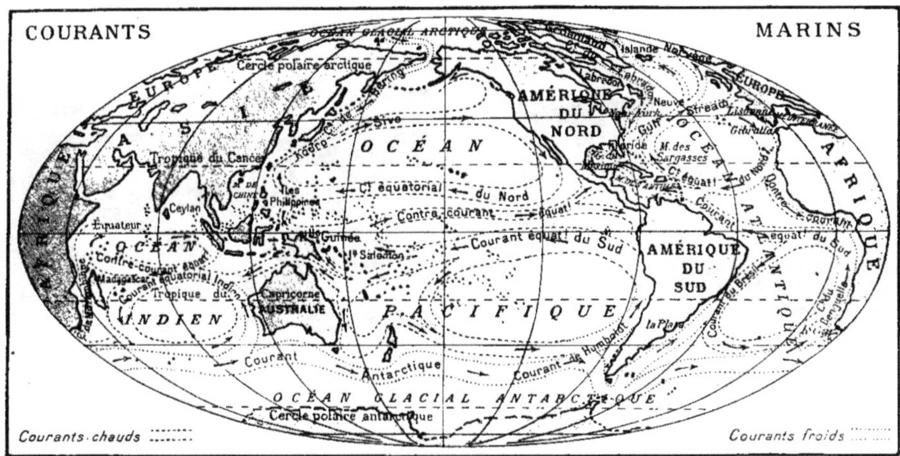


Les ***courants chauds*** ont des directions symétriques dans les Océans Atlantique et Pacifique. Ils se dirigent d'abord de l'est à l'ouest dans le sens de l'équateur, d'où leur nom de *courants équatoriaux;* puis, à la rencontre des continents, ils sont déviés vers le nord-est dans l'hémisphère nord, et vers le sud-est dans l'hémisphère sud.

Les *courants froids* viennent des mers polaires, et se dirigent vers le sud-ouest dans l'hémisphère nord, et vers le nord-est dans l'hémisphère sud.

1° Ainsi, dans l'**hémisphère nord,** les côtes occidentales subissent l'influence des courants chauds, et les côtes orientales, celle des courants froids :

Le ***Gulf-Stream*** (prononcez Guculf Strim) réchauffe les côtes occidentales de l'Europe, et le ***Kouro-Sivo,*** celles de l'ouest de l'Amérique du Nord ; le ***Courant du Labrador*** refroidit les côtes orientales de l'Amérique du Nord, et le ***Courant de Béring,*** celles de l'Asie orientale.

2° Le contraire a lieu dans l'**hémisphère sud :** Le ***Courant du Brésil*** réchauffe les côtes orientales de l'Amérique du Sud, et le ***Courant de Mozambique,*** celles de l'est de l'Afrique; le ***Courant de Humboldt*** refroidit les côtes occidentales de l'Amérique du Sud, et le ***Courant de Benguela,*** celles de l'ouest de l'Afrique méridionale.

Ces courants chauds et froids modifient considérablement la température des pays placés sous leur influence. Ainsi, à la même latitude, le Groenland est toujours couvert de glace, tandis que la Norvège a un climat relativement doux.

Le plus intéressant de ces courants est le Gulf-Stream ou courant du Golfe. Il sort du Golfe du Mexique et se dirige vers l'Europe occidentale qu'il réchauffe de ses eaux. A sa sortie du Golfe, il a 60 kilomètres de large, 800 mètres de profondeur, et fait 9 kilomètres à l'heure ; ses eaux ont une quinzaine de degrés de plus que celles de l'Océan formant ses rives.

**8. Vie dans les Mers.** — La mer nourrit des ***végétaux*** et surtout des *animaux.*

1° Les **végétaux** ayant besoin de lumière pour se développer ne peuvent vivre au delà de 400 mètres, car la lumière ne dépasse pas cette profondeur.

La **flore marine** est peu variée, mais très abondante. Elle comprend surtout des *algues ;* les unes sont microscopiques ; d'autres s'allongent en longs rubans de 300 mètres parfois ; beaucoup, comme les *varechs,* s'accrochent au sol, composant ainsi des prairies sous-marines. Arrachés aux côtes d'Amérique et entraînés par le Gulf-Stream, ces varechs s'accumulent dans un espace tranquille de l'Atlantique nord, où ils forment la *Mer des Sargasses* (nom espagnol du varech), d'une étendue égale à la moitié de l'Europe.

2° La **faune marine** est beaucoup plus abondante que la flore. Elle varie avec la température, la profondeur des eaux, et le voisinage des terres.

*a)* La *faune marine varie avec la température :* les ***mers chaudes*** conviennent aux coraux ; les ***mers tempérées,*** aux sardines ; les *mers froides,* aux morues et aux harengs, et les *mers glaciales,* aux baleines.

*b)* ***Près des côtes*** vivent des mammifères : phoques et morses ; des oiseaux nageurs : pingouins et manchots ; des poissons : morues et harengs, sardines et thons ; des crustacés : homards ; des mollusques : huîtres et moules.

*c)* *Dans les hautes mers* on trouve les plus grandes espèces : baleines et cachalots, dauphins et requins ; des mollusques nageurs : poulpes et méduses ; des animalcules à carapace calcaire ou siliceuse formant la boue du fond des mers.

*d)* Enfin, même dans les *grandes profondeurs,* vivent des êtres étranges de forme et de conformation.

Dans les eaux comme sur terre, c'est la lutte pour la vie : les gros dévorent les petits, et l'homme en pêche des quantités considérables. Cependant, par suite d'une prodigieuse fécondité, la vie abonde au sein des flots. Une seule morue, par exemple, pond 9 ou 10 millions d'œufs ; si sa descendance vivait tout entière, elle comblerait les océans en quatre années.

**DEVOIR ÉCRIT.** — 1. *Exercices 10 et 11 du Cahier de Croquis.* — 2. *Indiquez les effets du Gulf-Stream et du Courant du Labrador.*

# 8e Leçon. — LES CÔTES

Phot. Étab. Lévy et Neurdein réunis.

1. — Côte calcaire. — La plage et la falaise d'Étretat au Pays de Caux.

Communiqué par la Soc. de Géog. de Paris.

4. — Côte gréseuse. — L'Ile d'Helgoland, à 75 km. de l'embouchure de l'Elbe.

**1. Action de la Mer sur les Côtes.** — La *Côte* c'est le bord de la mer. On l'appelle encore *rivage* ou *littoral.*

La partie plate du rivage, que la mer recouvre par le flux et découvre par le reflux, porte le nom de *plage* lorsqu'elle est sablonneuse, et de *grève* quand elle est couverte de galets, c'est-à-dire de cailloux polis et arrondis. La côte désigne aussi l'étroite lisière terrestre qui borde la mer : elle est basse ou élevée.

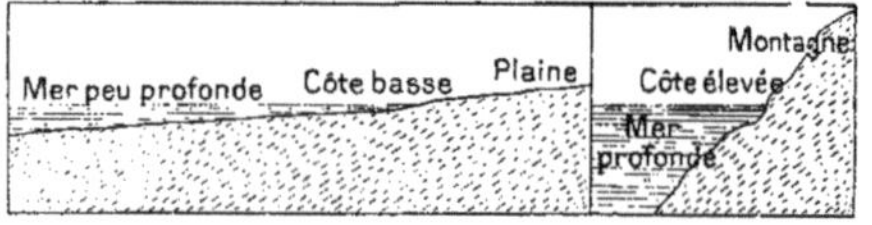


2. — Côtes basses et côtes élevées.

Les *côtes basses* terminent généralement des plaines et bordent des mers peu profondes, tandis que les *côtes élevées* terminent généralement des plateaux, des collines ou des montagnes, et bordent des mers profondes.

La mer modifie sans cesse la forme du rivage ; elle érode les côtes élevées et alluvionne les côtes basses.

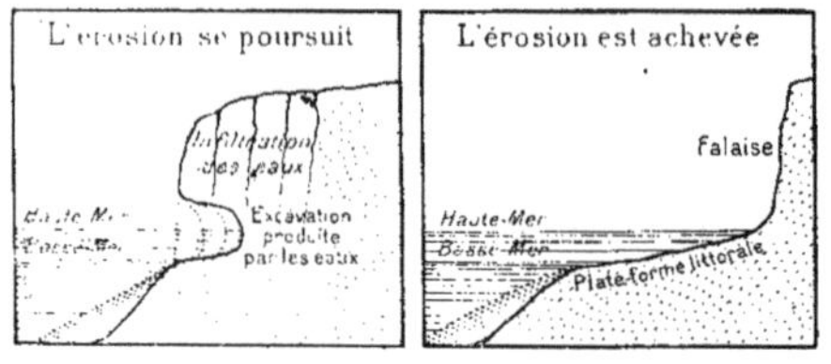


3. — Formation et recul des falaises.

**2. Côtes élevées.** — Les vagues, arrêtées par les côtes élevées, les frappent à leur base et déterminent des excavations plus ou moins profondes.

Ces excavations laissent en surplomb la partie supérieure de la côte, qui, minée par les eaux d'infiltration, finit par s'écrouler. Ces côtes ainsi découpées en talus raides portent le nom de *falaises* : elles sont caractéristiques des roches calcaires et gréseuses. (*Voir* 1re *et* 4e *images.*) Les côtes granitiques ont un talus moins incliné et beaucoup plus irrégulier. (*Voir* 6e *image.*) Quant aux côtes schisteuses leur forme dépend de l'inclinaison des couches. (*Voir* 8e *image.*)

L'action destructive n'est pas indéfinie. En reculant, la falaise laisse une plate-forme littorale sur laquelle les eaux glissent et s'amortissent. Il arrive un moment où les vagues ont perdu toute leur force en arrivant au pied de la falaise ; alors l'érosion marine cesse.

Cette plate-forme, que la mer découvre à marée basse, devient souvent une plage bien abritée et très fréquentée.

Les côtes sont plus ou moins rongées par les eaux, suivant leur plus ou moins grande résistance.

Les côtes de résistance uniforme sont également érodées et conservent leur forme rectiligne ne présentant que de rares échancrures correspondant aux embouchures des cours d'eau. Tel est le cas de la côte du Pays de Caux.

Les côtes composées de roches de résistance différente sont beaucoup plus irrégulières. Ainsi en est-il des côtes de Bretagne.

Les parties les moins résistantes sont arrachées et broyées ; à leur place, la mer s'avance formant des *golfes,* échancrures larges et profondes ; des *baies,* petites échancrures assez ouvertes, et des *criques,* échancrures à ouverture étroite. Les parties les plus dures au contraire résistent et forment des *caps,* appelés aussi *pointes* ou *promontoires ;* des *îles* et des *presqu'îles.*

**3. Côtes basses.** — En roulant les matériaux arrachés aux côtes, les eaux les broient et les triturent. Elles transforment ainsi les roches dures, grès ou granit, en galets, graviers et sables, et les roches plus tendres, calcaires, schistes ou argiles, en vases limoneuses.

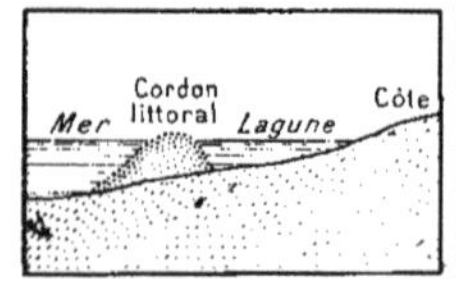


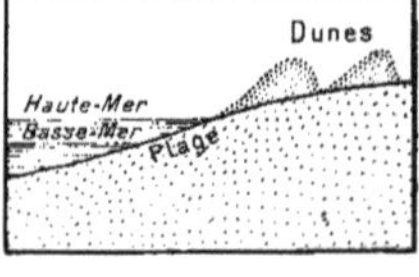


5. — Côtes basses.

Phot. Étab. Lévy et Neurdein réunis.

6. — **Côte granitique des Iles Chaussey, en face du Cotentin.**

Tous ces matériaux roulés par les flots le long des rivages finissent par trouver une côte basse où les eaux peu profondes se calment et les déposent, élargissant ainsi la côte qui empiète sur la mer. Les côtes basses sont donc généralement sablonneuses ou argileuses. (*Voir 9e image.*)

Le dépôt des alluvions a souvent lieu à l'entrée d'une échancrure qu'elles finissent par fermer par un *cordon littoral* en formant ainsi une *lagune*. (*Voir 5e fig.*).

Avec les siècles, la lagune peut être comblée par les alluvions marines ou fluviales et former une *plaine alluviale*.

Sur les côtes basses, en arrière des plages, le vent accumule parfois le sable abandonné par la mer à marée basse et forme des monticules parallèles au rivage appelés *dunes*. (*Voir 5e fig.*).

Les côtes plates, ayant subi un affaissement, et qu'on préserve de l'invasion de la mer à l'aide de digues, portent le nom de *polders* en Hollande, de *watteringues* en Flandre, et de *prés salés* en Normandie.

**4. Une île** est une terre entourée d'eau de tous côtés. Un *îlot* est une petite île. Un *archipel* est un groupe d'îles ou d'îlots.

Les îles ne diffèrent des continents que par leur faible étendue qui permet aux influences marines de s'exercer sur toute leur surface. La plus vaste, le Groenland, égale près de quatre fois la superficie de la France.

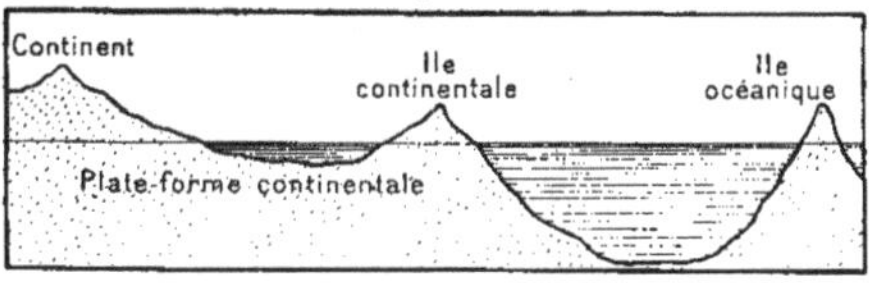


7. — **Iles continentales et océaniques.**

On appelle *îles continentales* celles qui ont été séparées des continents par l'érosion ou par des affaissements. Ces îles sont portées sur le même socle sous-marin que le continent voisin. (*Voir 7e fig.*). Elles en ont la constitution géologique, la faune et la flore.

*Les îles océaniques* sont généralement dues au volcanisme. Elles sont séparées du continent par de vastes profondeurs marines. Leur constitution géologique, leur faune et leur flore sont spéciales.

Phot. Étab. Lévy et Neurdein réunis.

8. — **Côte schisteuse** du littoral basque, près de Saint-Jean-de-Luz

**5. Une presqu'île** ou péninsule est une terre presque complètement entourée d'eau ; elle est rattachée au continent par une bande de terre appelée *isthme*.

Les presqu'îles ont été formées par l'érosion ou par l'affaissement du sol comme les îles ; ou bien par des soulèvements ou des alluvionnements qui ont transformé une île en presqu'île en la rattachant au continent.

**6. Les détroits** séparent deux terres en unissant deux mers ou deux parties de mers. Ils portent aussi, suivant les pays, le nom de *Pas*, de *Phare*, de *Canal*.

Un petit détroit s'appelle *goulet* ou *pertuis*.

**7. Fiords, rias.** — Tout le modelé des côtes n'est pas dû uniquement à l'action des vagues.

Certains golfes étroits, longs et profonds, aux flancs abrupts et élevés, appelés *fiords* en Norvège, *rias* en Espagne, sont d'anciennes vallées que les eaux marines ont envahies, à la suite d'affaissements du sol.

De même, les côtes très découpées de la Dalmatie, en Yougo-Slavie, sont dues également à des affaissements de chaînes parallèles dont les vallées longitudinales et les cols ont été submergés et dont les crêtes seules émergent, formant des îles allongées.

DEVOIR ÉCRIT. — *Exercices 12 à 15 du Cahier de Croquis.* — 2. *D'où proviennent les grains de sable qui forment les dunes du littoral ?*

Phot. Étab. Lévy et Neurdein réunis.

9. — **Côte sablonneuse** du Marquenterre, en Picardie. Le sable déposé par la marée descendante est vite desséché et le vent le pousse au delà de la limite des hautes eaux où il s'accumule en plis, parallèles au rivage, appelés dunes. Si on ne les arrête, les dunes avancent dans les terres, couvrant de grands espaces et ensevelissant champs et villages. On arrive à les fixer en provoquant le développement d'une végétation appropriée au milieu et dont les racines très abondantes retiennent les sables. Ici ce sont des oyats, espèce de graminée ; dans les Landes on plante des pins.

# 9e Leçon. — L'ATMOSPHÈRE

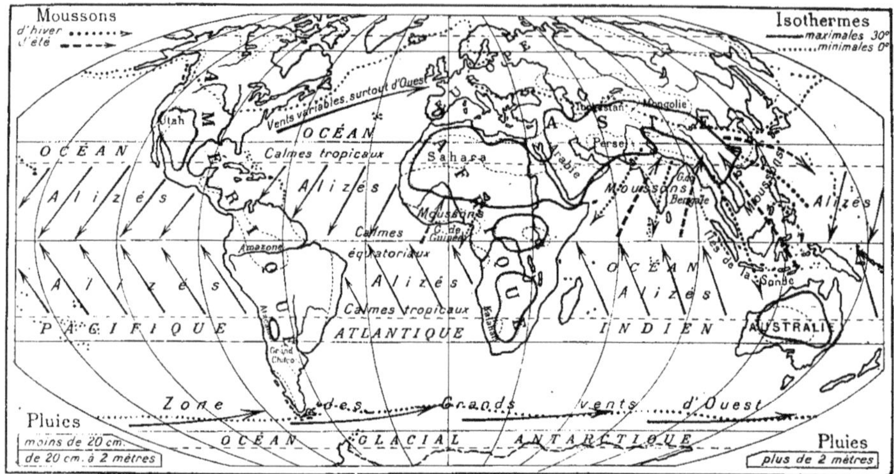


**1. Air.** — **L'atmosphère** est la masse d'air qui entoure le Globe ; son épaisseur serait d'une centaine de kilomètres.

Comme tous les corps, l'air est pesant : un litre d'air pèse 1 g. 293. La pression qu'il exerce de haut en bas est appelée **pression atmosphérique** ; elle se mesure au moyen du *baromètre*. Cette pression diminue, à mesure qu'on s'élève, de tout le poids de l'air laissé au-dessous ; aussi permet-elle de calculer l'altitude des montagnes et les hauteurs atteintes en avion.

L'**air sec** laisse passer la chaleur et la lumière du soleil ; il ne s'échauffe que par le rayonnement de la chaleur du sol. L'**air humide**, au contraire, absorbe directement une partie de la chaleur des rayons solaires ; aussi est-il plus chaud que l'air sec, toutes choses égales d'ailleurs. Il réfléchit également, en partie, les rayons lumineux ; cette réflexion de la lumière par l'air humide produit l'*arc-en-ciel*, les *halos* (couronnes lumineuses qui entourent parfois le Soleil ou la Lune) et le *crépuscule* (aube et aurore le matin, brune ou crépuscule le soir). Les *aurores polaires* (immenses rayons ou arcs lumineux de ces régions) sont des manifestations électriques dont les causes sont encore peu connues. (*Voir l'image, page 28.*)

**2. La température** est le degré de chaleur de l'atmosphère. La chaleur est due au Soleil ; on la mesure avec le *thermomètre*.

La **chaleur varie** : *avec la latitude* : elle diminue de l'équateur au pôle d'environ 1° par 200 km. ; avec l'*altitude* : elle diminue d'environ 1° tous les 200 mètres ; avec *le voisinage des mers* : plus on s'éloigne des mers, plus les écarts de température augmentent ; avec l'*orientation* : les versants sud des montagnes sont plus chauds que les versants nord.

Les **isothermes** (du grec *iso*, égal ; *thermos*, chaleur) sont des lignes qui passent par les lieux d'égale température. On peut établir des isothermes moyennes mensuelles, saisonnières ou annuelles, et des isothermes maximales et minimales. La carte ci-dessus porte l'isotherme maximale 30°, et l'isotherme minimale 0°.

**3. Le vent** est de l'air en mouvement. Il est produit par la différence de température. *A la surface du sol, le vent se dirige des régions plus froides vers des régions plus chaudes ;* or, comme l'air froid est plus dense que l'air chaud, on peut dire aussi que le vent se dirige *des régions de hautes pressions vers des régions de basses pressions.* (*Voir 1er croquis.*)

On donne différents noms aux vents, d'après leur *fréquence*, leur *température* et leur *force*.

*a)* **D'après leur fréquence,** on distingue les *vents réguliers*, les *vents périodiques* et les *vents variables*.

Les plus connus des **vents réguliers** sont les *alizés* : ils soufflent constamment des tropiques vers l'équateur, mais ils sont déviés, vers l'ouest, par suite de la rotation de la Terre. (*Voir le 2e croquis et la carte ci-dessus.*)

Parmi les **vents périodiques** on peut citer les *moussons* et les *brises*.

Les **moussons** soufflent, en été, de la mer vers les terres surchauffées, et, en hiver, des terres plus froides vers les mers restées plus chaudes. Les moussons d'été, venant de la mer, sont humides ; celles de l'hiver, venant des terres, sont sèches. (*Voir la carte ci-dessus.*)

La **brise** journalière des côtes souffle, en été, de la mer pendant le jour (*brise de mer*) et des terres pendant la nuit (*brise de terre*).

Les **vents variables** ou irréguliers sont propres aux zones tempérées.

*b)* **D'après leur température,** on distingue : **les vents froids,** comme la *bise*, qui souffle du Nord-Est sur la France, et les **vents chauds,** comme le *simoun* du Sahara.

*c)* **D'après leur force,** on distingue les **vents doux,** comme la *brise* et le *zéphyr,* et les **vents violents,** comme les vents d'*orage* et de *tempête,* les *ouragans* et les *cyclones.*

**La direction du vent** est donnée par les *girouettes,* et **sa vitesse,** par les *anémomètres.*

Le vent purifie l'atmosphère et régularise la température ; il amène les nuages sur les continents, enfle les voiles des navires et actionne des moteurs.

**4. Nuages.** — L'*évaporation,* qui transforme l'eau en vapeur, se produit sur toute surface humide et en tout temps, mais elle est d'autant plus active que la température est plus élevée et l'air plus chaud, plus sec et plus agité.

La *vapeur d'eau* est moins dense que l'air et monte dans l'atmosphère. Quand elle rencontre une couche d'air plus froid, elle se condense en gouttelettes microscopiques, rendues visibles par leur groupement en brouillards ou en nuages.

Brouillards et nuages ne diffèrent que par leur situation : alors que les nuages sont élevés, les brouillards touchent le sol.

**D'après la forme des nuages,** on distingue : les *cirrus,* nuages en bandes filamenteuses et ondulés ; les *cumulus,* nuages blancs, aux contours arrondis ; les *nimbus,* nuages épais et sombres, aux bords déchiquetés ; les *stratus,* nuages gris, souvent disposés en bandes parallèles.

Poussés par le vent, les nuages circulent dans l'air et sont portés sur les continents ; un nouvel abaissement de température les résout en *pluie,* en *grêle* ou en *neige.*

**5. Pluie.** — **La pluie** résulte de la condensation de la vapeur des nuages en gouttes d'eau qui tombent sur le sol.

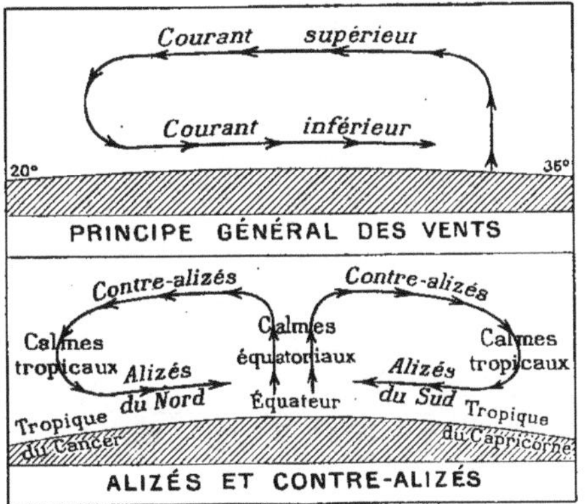


**1. — Principe général des vents.** — En s'échauffant au contact du sol, l'air se dilate, devient moins dense et monte ; puis il se transporte en courant supérieur vers des régions plus froides, tandis que, pour le remplacer, l'air plus froid et plus dense de ces régions glisse en courant inférieur vers le vide qui s'est produit. Ainsi, à la surface du sol, *le vent se dirige des régions moins chaudes vers des régions plus chaudes.*

**2. — Alizés et contre-alizés.** — A l'équateur, l'air surchauffé au contact du sol qui reçoit d'aplomb les rayons solaires, se dilate, devient plus léger et s'élève verticalement, ne produisant aucun vent sensible : c'est la *zone* des *calmes équatoriaux.*

Pour combler le vide produit par cet air ascendant, il s'établit des courants inférieurs venant des deux tropiques : ce sont les *alizés.* Pour remplacer l'air plus froid qui a glissé vers l'équateur, l'air ascendant de l'équateur se divise en deux parts qui se dirigent vers les tropiques en un courant supérieur : ce sont les *contre-alizés.* Vers les tropiques, l'air refroidi des contre-alizés redescend verticalement produisant la *zone des calmes tropicaux.*

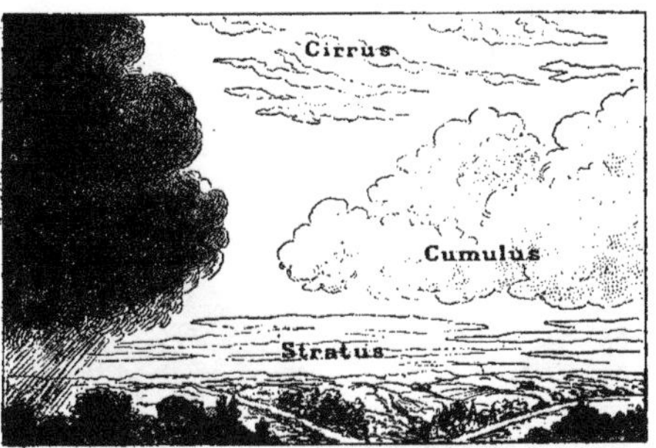


3. — **D'après leur forme,** on distingue quatre sortes de nuages : les cirrus, les cumulus, les nimbus et les stratus.

**Les pluies fines** sont les meilleures parce qu'elles pénètrent mieux dans le sol.

**Les pluies d'orage** tombent en violentes averses qui glissent sur le sol en entraînant les terres.

**Les pluies ne se distribuent pas également partout :** les régions chaudes, où l'évaporation est plus intense, en reçoivent généralement plus que les régions froides ; les régions maritimes, où se forment surtout les nuages, plus que les centres des continents ; les versants montagneux exposés aux vents humides, plus que les versants opposés et plus que les plaines.

Les *régions les plus humides* (*Voir la carte*) sont celles des alizés et des moussons ; les principales sont : l'Amazonie, les côtes des Golfes de Guinée et du Bengale, et les Iles de la Sonde, qui reçoivent plus de 2 mètres d'eau par an.

Les *régions les moins humides* (*Voir la carte*) sont situées dans la zone des calmes tropicaux, à l'intérieur des vastes continents et dans les régions polaires ; les principales sont, dans l'hémisphère nord : les déserts de l'Utah, du Sahara, de l'Arabie, de la Perse, du Turkestan et de la Mongolie ; dans l'hémisphère sud : les déserts d'Atacama, du Gran Chaco, du Kalahari et du centre de l'Australie, qui reçoivent moins de 20 centimètres de pluie par an.

**6. Rosée.** — Dans les nuits claires et calmes, le sol se refroidit plus vite que l'air. Au contact du sol refroidi, la vapeur d'eau contenue dans l'air se condense en gouttelettes et forme la *rosée.*

Si le refroidissement du sol descend au-dessous de 0°, il y a congélation des gouttes de rosée et formation de *gelée blanche* ou *givre.*

**7. Action de la température et de l'humidité sur le relief du sol.** — Le *froid* resserre les roches et la *chaleur* les dilate, ce qui les fendille et les émiette ; de même, le froid congèle l'eau infiltrée dans les roches, et la *glace,* par sa dilatation, fait éclater ces roches à la façon d'un coin. Les *pluies* désagrègent les roches, et les *eaux de ruissellement* entraînent les parties émiettées.

**DEVOIR ÉCRIT.** — 1. *Exercice 17 du Cahier de Croquis.* — 2. *Faire l'histoire d'une goutte d'eau, depuis l'Océan d'où elle s'élève en vapeur jusqu'à ce qu'elle y retourne.* — 3. *Dans notre localité, d'où viennent les vents chauds ? — ...les vents froids ? — ...les vents qui amènent les nuages et la pluie ?*

# 10e Leçon. — NEIGES ET GLACIERS. — RUISSELLEMENT ET INFILTRATION

Phot. Etab. Lévy et Neurdein réunis.

1. — La Mer de Glace du Mont Blanc.

**1. Neiges.** — Dans nos régions tempérées, la neige ne tombe qu'en hiver et dure peu de temps. Dans les régions froides, aux pôles et sur les hautes montagnes, elle tombe en toute saison, et, au lieu de fondre, elle s'accumule et forme les *neiges persistantes*.

La *limite des neiges persistantes varie* avec la latitude, l'altitude et l'exposition.

Au Kilima-Ndjaro, près de l'équateur, les neiges persistantes ne descendent pas au-dessous de 5.000 mètres, tandis que dans les Alpes, en Suisse, elles descendent à 3.300 mètres sur le versant sud et à 2.600 mètres sur le versant nord. Dans les régions polaires, elles atteignent presque le niveau de la mer.

Les neiges persistantes n'augmentent pas leur épaisseur à l'infini : elles s'allègent par des *avalanches*, ou bien elles se tassent et se transforment en *glaciers* qui descendent lentement les pentes et fondent à leur tour.

**2. Formation et mouvement des Glaciers.** — Durant les journées d'été, le soleil fond la couche superficielle des neiges persistantes, et celle-ci se congèle de nouveau pendant la nuit. Ces dégels et ces regels alternatifs transforment la neige en une masse granuleuse plus dure que la neige et moins compacte que la glace, c'est le *névé*. Le névé à son tour, par suite de la pression des couches supérieures de neige, se tasse et se transforme en glace blanche remplie de bulles d'air qui la rendent plus plastique que la glace ordinaire : c'est le *glacier*.

Sous la pression des neiges et des névés, et entraîné par son propre poids, le glacier glisse lentement en suivant les pentes naturelles des gorges et des vallées. C'est un *fleuve de glace*.

Dans leur cours, les glaciers transportent tous les débris que les éboulements ou les avalanches accumulent à leur surface ou qu'ils arrachent à leurs rives. On donne à ces débris le nom de *moraines*.

Au fur et à mesure que la tête du glacier atteint des régions assez chaudes, elle fond, dépose ses moraines et donne naissance à un cours d'eau.

**3. Anciens glaciers.** — A la période glaciaire de l'ère quaternaire, le froid fut intense ; les glaciers couvrirent tout le nord de l'Europe, de l'Asie et de l'Amérique ; ceux des Alpes s'étendaient jusqu'aux Cévennes.

Leur existence est connue par les vallées qu'ils ont creusées et par leurs dépôts.

Alors que les vallées fluviales sont en forme de V, les **vallées glaciaires** sont en U, ont des flancs abrupts et rabotés, et des fonds aplanis.

Les **dépôts glaciaires** sont formés de débris amoncelés pêle-mêle, et renferment des roches striées et polies caractéristiques de ces terrains.

Parfois les dépôts ont été enlevés par l'érosion ; mais ils laissent, comme témoins, de gros blocs isolés, différents par leur nature du sol sur lequel ils reposent. On les nomme *blocs erratiques*, c'est-à-dire errants.

**4. Glaces polaires.** — L'eau des mers polaires en se congelant forme d'immenses champs de glace appelés *banquises* ou *icefields*. Les quartiers de glace du pourtour qui se détachent et vont à la dérive portent le nom de *glaces flottantes*. Les *icebergs* ou montagnes de glaces proviennent au contraire des glaciers terrestres des régions polaires. (*Voir 2e image.*) Ceux-ci, par leur descente lente mais continue, arrivent à la mer et s'y plongent; la partie avancée s'y brise et va à la dérive. Ces icebergs sont souvent énormes : la partie émergente qui peut dépasser 100 mètres ne représente cependant que la 7e ou 8e partie de leur masse totale. Dans l'Atlantique nord, ces glaces sont entraînées par les courants froids le long des côtes de l'Amérique qu'elles descendent jusque vers New-York, à la latitude de Lisbonne.

Dans les mers antarctiques la banquise acquiert une épaisseur extraordinaire entourant le pôle d'une haute falaise de glaces appelée la *Grande Barrière*. Les énormes glaçons qui s'en détachent s'approchent encore plus de l'équateur que dans l'hémisphère nord : ils atteignent la latitude du Cap et de la Plata, correspondant à celle de Gibraltar dans l'hémisphère nord.

2. — Formation des icebergs.

**5. Distribution des eaux de pluie.** — Suivant la température et la nature des terrains sur lesquels tombent les eaux de pluie, celles-ci se distribuent différemment : une certaine quantité *s'évapore* et retourne dans l'atmosphère ; une autre *s'infiltre* dans le sol et donne naissance aux *sources ;* enfin une autre partie *ruisselle* sur le sol et se réunit pour former les *cours d'eau* et les *lacs.*

**6. Eaux d'évaporation.** — La plus grande quantité des eaux tombées sur le sol s'évapore avant d'arriver à l'Océan. On a calculé, par exemple, que la Seine ne débite à son embouchure que le quart de l'eau tombée dans son bassin. Cette proportion est plus forte dans les régions chaudes et sèches que dans les régions froides et humides.

**7. Eaux d'infiltration.** — La quantité d'eau de pluie qui s'infiltre dans le sol dépend de la perméabilité du sol, de la pente du terrain et du genre de pluie.

L'*infiltration* est abondante dans les terrains sablonneux et calcaires, tandis qu'elle est presque nulle dans les terrains granitiques et argileux ; elle est plus importante dans les plaines que sur les pentes, et avec des pluies fines qu'avec des pluies d'orage.

**8. Sources et puits.** — Les eaux d'infiltration, qui ont pénétré dans le sol, descendent lentement jusqu'à ce qu'ayant rencontré une couche imperméable, elles s'accumulent et forment une *nappe souterraine.*

En creusant le sol jusqu'à cette couche imperméable, on a un *puits* dans lequel l'eau s'élève jusqu'au niveau de la nappe liquide. (*Voir* 8e *croquis.*)

Lorsque le bord de la couche imperméable affleure, l'eau trouve une issue naturelle et coule à la surface formant une *source.* Lorsque la nappe liquide au contraire est enfermée entre deux couches de terrains imperméables, relevées sur les bords en forme de cuvette, l'eau s'accumule et ne sort que par rupture de la couche supérieure. Si on perfore cette couche, l'eau jaillit par l'orifice et l'on a un *puits artésien,* ainsi nommé parce que le premier de ce genre fut creusé en Artois, au XIIe siècle. C'est à ces sortes de puits que le Sahara doit quelques-unes de ses plus belles oasis.

L'eau d'infiltration peut s'accumuler en grande quantité dans des cavités souterraines comme il en existe souvent dans les terrains calcaires. Elle peut ensuite ressortir en sources abondantes, régulières ou intermittentes, auxquelles on donne le nom de *sources vauclusiennes,* à cause de la célèbre Fontaine de Vaucluse, en Provence, qui en est un type parfait.

**9. Action dissolvante des eaux d'infiltration.** — Les eaux d'infiltration dissolvent certaines roches ou les entraînent : elles creusent ainsi des grottes et des galeries et forment des cours d'eau souterrains.

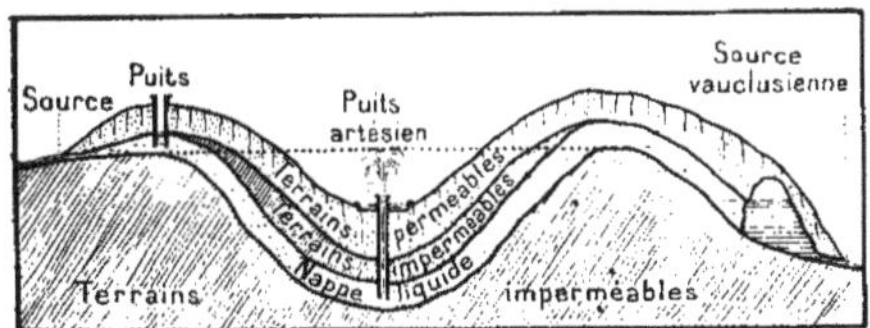


**8.** — **Les eaux d'infiltration reviennent à la surface du sol par des** *sources* et des *puits.*

Communiqué par la Soc. de Géog. de Paris.

**4. — La Porte de Mycènes**, à *Montpellier-le-Vieux*, dans les Causses, comme tous les autres aspects ruiniformes de ces régions calcaires, est un effet du ruissellement. Ce nom de Montpellier-le-Vieux fut donné à cette contrée, qu'on prendrait pour une ville en ruines, par les pâtres du Bas-Languedoc qui amènent leurs troupeaux paître dans ces régions en été.

Lorsque la voûte de ces galeries vient à s'effondrer, l'ancien cours d'eau souterrain coule au fond d'une profonde vallée d'effondrement nommée gorge ou cañon (prononcez cagnon). Les plus remarquables sont les Gorges du Tarn, en France, et le Cañon du Colorado, aux États-Unis.

Les eaux d'infiltration peuvent produire aussi des glissements ou des éboulements lorsque les roches supérieures reposent sur des couches argileuses et en pente que les eaux peuvent ramollir.

**10. Eaux de ruissellement.** — Le ruissellement est formé par les eaux de pluie qui coulent à la surface du sol en petits filets d'eau.

Le ruissellement est d'autant plus intense que la pente est plus forte et le sol plus imperméable et plus dénudé.

Les eaux de ruissellement **usent les roches**, même les plus dures : les *granits* prennent des formes ballonnées ; les *grès* forment un chaos de roches, comme à Fontainebleau ; les *calcaires* sont découpés en aiguilles, colonnes ou arcades ruiniformes comme à Montpellier-le-Vieux dans les Causses (*Voir* 4e *image*) ; les *terres meubles,* surtout dans les régions de forte pente, sont entraînées par les eaux, à moins que les racines des végétaux ne les retiennent.

Les eaux de ruissellement finissent par se réunir et forment un cours d'eau temporaire qui s'écoule avec d'autant plus de force que la pente est plus rapide. Dans les montagnes, ces cours d'eau temporaires portent le nom de *torrents.* Leur puissance d'érosion est considérable : ils creusent leur lit, rongent leurs parois et roulent des matériaux de toutes sortes qu'ils déposent en arrivant dans la plaine. Ces matériaux forment des talus coniques appelés *cônes de déjection.*

Dans les plaines, les cours d'eau temporaires formés par les eaux de ruissellement portent le nom de *ruisseaux ;* leur calme relatif vient du peu de pente du terrain.

**DEVOIR ÉCRIT.** — 1. *Décrivez les glaces polaires.* — 2. *Comment l'eau d'infiltration peut-elle revenir à la surface ?*

# 11e Leçon. — LES COURS D'EAU ET LES LACS

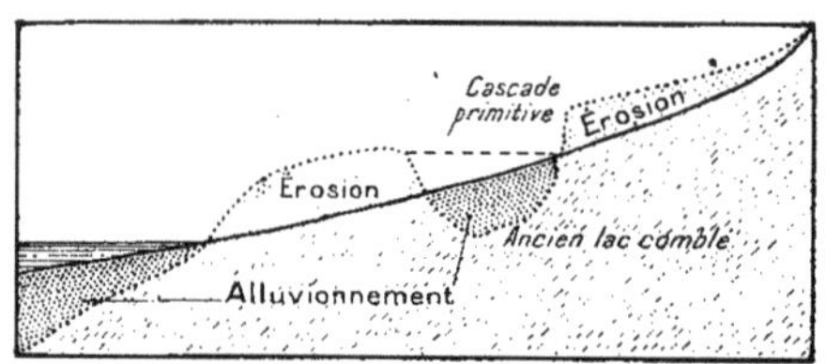


1. — Travail d'érosion et d'alluvionnement d'un cours d'eau.

**1. Origine et nom des cours d'eau.** — Les **cours d'eau** sont formés par des sources; par des eaux de ruissellement, ou par des eaux provenant de la fonte des neiges et des glaciers.

D'après leur importance, les cours d'eau portent le nom de *ruisseau* ou de *torrent*, de *rivière* et de *fleuve*.

Les **ruisseaux** et les **torrents** sont de petits cours d'eau temporaires.

Les **rivières** et les **fleuves** sont de grands cours d'eau permanents formés par la réunion de ruisseaux ou de torrents. Une **rivière** se jette dans une autre rivière plus importante ou dans un fleuve. Un **fleuve** est un cours d'eau considérable alimenté par des rivières, et qui se jette dans la mer.

**2. Bassin et versant.** — Le **bassin** d'une mer ou d'un fleuve est l'ensemble des territoires dont les eaux courantes vont à cette mer ou à ce fleuve.

Un **versant** est une partie de bassin.

Le **réseau hydrographique** du bassin dépend de la nature du terrain.

Dans un bassin au *sol imperméable*, les eaux de pluie ruissellent de toutes parts ; les ruisselets et ruisseaux, rivièrettes et rivières sont nombreux, mais courts et peu abondants.

Dans un bassin au *sol perméable*, les eaux de pluie s'infiltrent, et ressortent plus bas sous forme de sources donnant naissance à des rivières peu nombreuses, mais abondantes.

**3. Parties d'un cours d'eau.** — La **source** d'un fleuve est l'endroit où il commence ; l'**embouchure,** l'endroit où il se jette dans la mer. Une embouchure s'appelle **estuaire** quand elle est très large ; **delta,** lorsqu'elle se divise en plusieurs bouches ou bras.

Le **lit d'un cours d'eau** est le creux du sol dans lequel il coule, et où il est maintenu par ses **rives** ou ses bords.

L'**amont** d'un cours d'eau est la direction vers la source ; l'**aval,** la direction vers l'embouchure.

**Remonter** un cours d'eau, c'est aller vers l'amont ou la source ; le **descendre,** c'est aller vers l'aval ou l'embouchure.

On appelle **rive droite** la rive que l'on a à sa droite, et **rive gauche** la rive que l'on a à sa gauche, lorsqu'on est sur un cours d'eau le visage tourné dans le sens du courant.

**4. Divers aspects d'un fleuve.** — Dans son **cours supérieur,** le fleuve est plus ou moins rapide : il creuse son lit, ronge ses rives et entraîne toutes sortes de matières qui rendent ses eaux troubles et boueuses.

Dans son **cours moyen,** lorsque les pentes s'adoucissent, le fleuve se calme, et il décrit souvent de nombreux *méandres* ou détours.

Dans son **cours inférieur,** le fleuve se traîne lentement et dépose le limon qu'il transportait.

**5. Travail des cours d'eau.** — Les **cours d'eau travaillent** lentement, mais constamment, à niveler la surface du sol, en abaissant les parties élevées par l'*érosion*, et en exhaussant les parties basses par l'*alluvionnement*. (*Voir 1re image.*)

1° **L'érosion** est d'autant plus active que la pente est plus forte. Elle creuse le lit du cours d'eau jusqu'à ce que la pente étant devenue presque nulle, le courant est si faible que la résistance des parois égale ou surpasse l'action du courant ; alors le cours d'eau est entré dans sa période de calme, il n'érode plus ses rives ; il a trouvé son *profil d'équilibre.*

Avec les siècles, non seulement le fleuve creuse son lit, mais, par ses affluents, dont le travail est identique au sien, sa vallée s'élargit, les pentes s'adoucissent, les sommets s'abaissent, et par le transport incessant des matériaux, des parties hautes vers les parties basses, le sol s'aplanit et les montagnes sont transformées en plateaux ou en pénéplaines.

2° **L'alluvionnement** est le dépôt des matériaux entraînés par les cours d'eau. Il est d'autant plus rapide que les eaux sont plus calmes. Les dépôts constitués par les fleuves débordés forment les plaines alluviales. On peut provoquer le dépôt des alluvions, par la dérivation des eaux boueuses, à l'aide de canaux, sur les terres que l'on veut fertiliser ainsi par le *colmatage.*

Arrivé à la mer, le fleuve a perdu toute sa vitesse puisque la pente est nulle ; aussi dépose-t-il à son embouchure tout le limon qu'il charriait encore.

Quand l'apport limoneux est faible ou que la mer est profonde et agitée, les vagues dispersent les dépôts alluvionnaires et l'estuaire reste libre. Cependant, il arrive fréquemment qu'au point de contact des eaux fluviales et des eaux marines, le limon, poussé par les deux courants, s'accumule et forme une digue, appelée *barre*, fort nuisible à la navigation. (*Voir 2e image.*)

Si la mer est peu profonde et calme, sans marées ni courants appréciables, et que le charriage des fleuves soit abondant, le limon en se déposant forme des îles d'em-

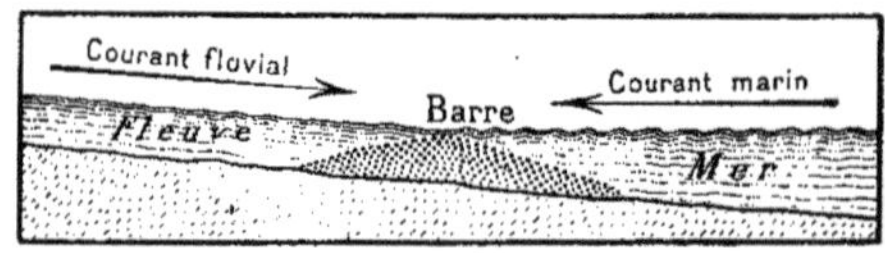


2. — La **barre** est un dépôt d'alluvion qui se forme parfois, à l'embouchure des fleuves, au point de contact des eaux fluviales et des eaux marines.

bouchure que les Grecs ont appelées *delta*, par suite de leur forme triangulaire assez fréquente, imitant leur quatrième lettre de l'alphabet (Δ).

L'érosion et l'alluvionnement combinés produisent les sinuosités de certains fleuves auxquelles on donne le nom de *méandres* (nom d'un fleuve d'Asie Mineure très sinueux), lorsqu'elles sont fortement prononcées. (*Voir 8e croquis.*)

Ces sinuosités s'accentuent avec le temps.

Le courant étant plus fort sur la rive concave où il bute, ronge cette rive qui devient abrupte par suite des éboulements ; sur la rive convexe, au contraire, il se ralentit et dépose du limon formant un talus à pente douce.

Comme ces sinuosités augmentent constamment, il arrive parfois que le fleuve entoure une presqu'île dont l'isthme finit par être coupé ; alors le fleuve redresse son cours à cet endroit, car il abandonne la courbe, qui, par suite des dépôts, devient un bras mort que l'évaporation dessèche peu à peu.

**6. Débit et Régime.** — **Le débit d'un cours d'eau,** en un point donné, est la quantité d'eau qu'il roule en une seconde. Il s'obtient en multipliant la surface de la section du courant par l'espace parcouru en une seconde.

Le *débit dépend* de l'étendue du bassin et de la quantité de pluie tombée : ainsi l'Amazone, qui draine un bassin fluvial treize fois grand comme la France et qui reçoit les pluies abondantes de la zone équatoriale, a un débit de 120.000 m³, 400 fois plus important que celui de la Seine.

Le *débit varie* avec les saisons. L'*écart* entre les basses eaux, ou étiage, de la saison sèche, et les hautes eaux, ou crues, de la saison humide, constitue le *régime* du cours d'eau.

Le **régime** est régulier, si l'écart est faible, comme dans la Seine ; il est irrégulier si l'écart est considérable, comme dans la Loire.

**Le régime d'un cours d'eau** dépend de son alimentation, de la nature et de la pente du sol de son bassin.

Les *fleuves alimentés par des neiges* ont leur crue au printemps, tel est le cas pour les fleuves sibériens ; tandis que les *fleuves alimentés par des glaciers* sont surtout puissants en été, comme le Rhône.

Les *pluies constantes* de la zone équatoriale donnent des fleuves réguliers, comme l'Amazone ; tandis que les *pluies saisonnières* des régions tropicales et des moussons produisent des fleuves irréguliers, tels les fleuves chinois ; des *pluies irrégulières et insuffisantes* donnent des cours d'eau temporaires, comme en Algérie.

*Dans les terrains imperméables* l'eau ruisselle de toutes parts et se rend aux cours d'eau qui grossissent immédiatement pour baisser de nouveau, peu de temps après que les pluies ont cessé ; tandis que *dans les terrains perméables* l'eau s'infiltre, et les sources qu'elles produisent alimentent les cours d'eau d'une manière constante.

La *végétation* qui favorise l'infiltration des eaux, régularise le régime des cours d'eau.

Une *pente du sol très forte* détermine un écoulement rapide, même sur un terrain perméable, et les crues sont subites ; si la *pente est faible*, elle retient les eaux qui s'écoulent lentement, et les crues sont lentes.

Enfin, les *lacs* contribuent également à régulariser le régime des cours d'eau en emmagasinant les eaux et en ne les abandonnant ensuite que lentement. C'est ainsi que, grâce aux Grands Lacs américains, le Saint-Laurent a un régime des plus réguliers.

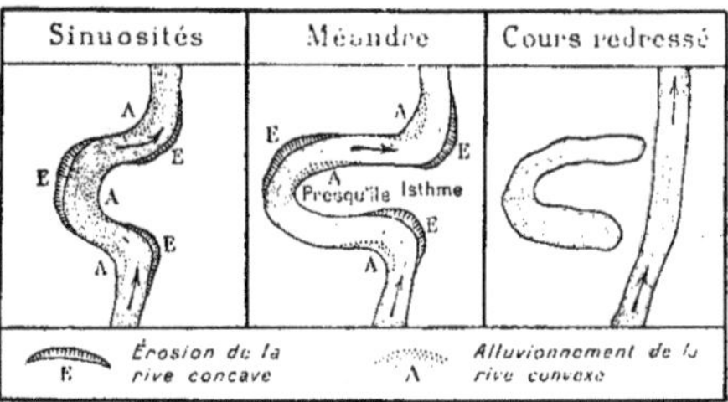


8. — Transformation des rives par l'érosion et l'alluvionnement combinés.

**7. Inondations.** — Lorsqu'au temps des crues, le lit ordinaire du fleuve ne peut contenir toutes les eaux, celles-ci débordent et produisent une inondation.

Dans les régions où les pluies sont régulières, les *inondations* sont périodiques et prévues ; elles sont généralement bienfaisantes par l'humidité et le limon fertile qu'elles déposent sur le sol. Tel est le cas de l'Égypte qui doit toute sa fertilité aux inondations du Nil.

Dans les régions où les pluies sont irrégulières, les inondations le sont également et, étant imprévues, elles sont souvent désastreuses.

**8. Utilité des cours d'eau.** — L'eau est essentielle à la vie sur le Globe, aussi les cours d'eau qui la distribuent sont-ils très utiles. Ils fertilisent le sol par l'irrigation et le colmatage. Ils sont, même actuellement, les voies de transport les plus économiques ; avant les chemins de fer, c'étaient à peu près les seules voies utilisées par le commerce ; ceci explique pourquoi la plupart des villes sont bâties sur le bord des cours d'eau. Ils produisent la force motrice (houille blanche) qui peut remplacer, très économiquement, la houille noire.

**9. Eaux dormantes.** — Quand, sur leur parcours, les eaux rencontrent une dépression du sol, elles s'y accumulent. Ces *eaux dormantes* portent différents noms suivant leur étendue et leur profondeur ; elles s'appellent : *lacs, étangs* ou *marais.*

D'après leur origine on distingue les *lacs d'assèchement*, comme le Lac Aral ; les *lacs d'effondrement,* comme le Lac Baïkal ; les *lacs de barrages* glaciaires, comme les lacs des Vosges, ou volcaniques, comme le Lac d'Aydat en Auvergne ; enfin les *lacs de cratère*, comme le Lac Pavin au pied du Sancy.

Les *lacs sans écoulement* ont leur niveau lié au régime de leurs tributaires.

Les *lacs à écoulement* ont un niveau à peu près constant, car l'apport des tributaires se déverse, au fur et à mesure, par l'émissaire. Arrivées dans le lac, les eaux s'y calment, y déposent leurs alluvions qui tendent peu à peu à le combler.

**DEVOIR ÉCRIT.** — 1. *Décrivez les différents aspects d'un fleuve.* — 2. *Quel est le régime du principal cours d'eau de la région ? Indiquez-en les causes.*

# 12e Leçon. — LES GRANDES RÉGIONS CLIMATÉRIQUES

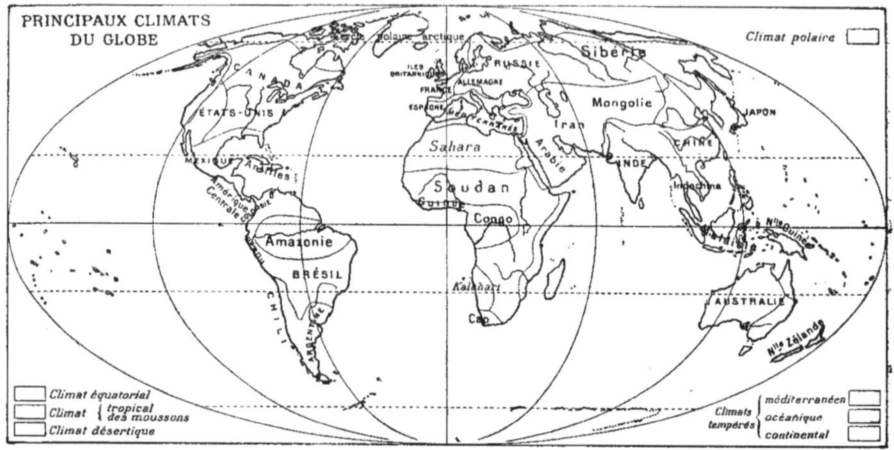


**1. Le climat** d'un pays est son état général de température et d'humidité. Il dépend de la quantité de chaleur et de pluie que reçoit ce pays.

La mer a une grande influence sur le climat des régions qu'elle avoisine. Les climats qui subissent son influence sont appelés *climats maritimes ;* ils sont humides et constants. Les autres sont des *climats continentaux ;* ils sont secs et excessifs.

**2. Régions climatériques**. — En général, une région est d'autant plus chaude qu'elle est plus près de l'équateur, parce qu'elle reçoit plus d'aplomb les rayons du soleil.

On distingue cinq grandes régions climatériques : les régions *équatoriales*, les régions *tropicales* et des *moussons*, les régions *subtropicales* ou *désertiques*, les régions *tempérées* et les régions *polaires*.

**3. Les Régions équatoriales** ont des *chaleurs* fortes et constantes, et des *pluies* très abondantes tombant presque tous les jours en violentes averses.

1. — Les forêts-vierges des régions équatoriales à pluies constantes sont formées d'arbres toujours verts, très élevés, reliés par un fouillis inextricable de lianes.

La *végétation*, vigoureuse et touffue, forme d'immenses forêts d'arbres toujours verts, où vivent des oiseaux et des papillons aux brillantes couleurs, des singes, d'énormes serpents et des crocodiles. (*Voir 1re image.*)

**4. Les Régions tropicales et des moussons** ont aussi des *chaleurs* fortes et constantes ; la répartition des pluies divise l'année en deux saisons : la *saison sèche*, en hiver, et la *saison humide*, en été, durant laquelle il pleut abondamment et presque tous les jours.

Ces deux saisons durent à peu près le même temps dans les régions à moussons ; dans les régions tropicales, la saison sèche est d'autant plus longue qu'on s'éloigne davantage de l'équateur.

Ces régions toujours chaudes, mais tantôt sèches et tantôt humides, sont couvertes de *savanes*, vastes étendues où croissent de hautes herbes parsemées de quelques arbres ou sillonnées de *forêts-galeries* le long des cours d'eau. (*Voir 2e image.*) On y rencontre les plus gros animaux terrestres, généralement organisés pour la course : des herbivores comme l'éléphant, le rhinocéros, l'hippopotame et la girafe ; des carnassiers comme le lion et le tigre ; enfin l'autruche, le plus gros des oiseaux. Sur certains plateaux élevés de ces régions tropicales, comme au Mexique, il existe des forêts de plantes grasses (cierges ou cactus) qui emmagasinent, pendant la saison pluvieuse, assez d'humidité pour résister durant la saison sèche. (*Voir p. 27, 1re image.*)

**5. Les Régions désertiques** des zones subtropicales ont des *températures excessives ;* les étés sont très chauds et les hivers assez froids ; les pluies sont très rares, toujours accidentelles et produites par des orages.

Le *chameau* est à peu près le seul animal remarquable qui puisse vivre dans ces régions où ne croissent que quelques touffes d'herbes dures.

Il y a des sources dans quelques parties des déserts. Ces endroits sont fertiles et peuplés : on les appelle *oasis*. (*Voir p. 27, 3e et 4e images.*)

**6. Les Régions tempérées**, surtout dans l'hémisphère

2. — **Savane**, avec quelques baobabs isolés, et forêt-galerie le long d'un cours d'eau de la région tropicale du Soudan.

3. — **Nomades** des Plateaux Algériens. Le lait, la laine et la viande de leurs troupeaux sont à peu près leurs seules ressources.

nord-oriental, correspondent à de grandes étendues continentales ; elles se subdivisent en *climats méditerranéen, océanique* et *continental.*

**Les pays méditerranéens** ont des *températures* chaudes et constantes, des étés très chauds et très secs et des hivers très doux, avec des pluies d'orage par précipitations abondantes mais rares. La *végétation* comprend des arbres toujours verts et de maigres forêts d'arbustes buissonneux, appelées maquis ou garrigues. (*Voir p.* 27, 2<sup>e</sup> *image.*)

**Les pays océaniques** ont des *températures* modérées : des étés doux et des hivers tièdes, avec des pluies abondantes, surtout en hiver. La *végétation* est représentée par des forêts d'arbres à feuilles caduques et par des prairies.

**Les pays de climat continental** ont des *températures* excessives : des étés brûlants et des hivers glacés, avec des pluies d'orage en été, et des neiges en hiver. La *végétation* comprend des forêts de résineux, et des steppes, sortes de prairies formées d'herbes courtes et rares qui se dessèchent en été.

*Dans les parties basses et fertiles des régions tempérées,* on cultive généralement des céréales, des légumes et des arbres fruitiers ; et on y élève la plupart des animaux domestiques : des chevaux et des bœufs, des brebis et des porcs, des oies et des poules.

**7. Les Régions polaires** sont excessivement froides. Le sol, presque toujours couvert de neige ou de glace, ne produit que des mousses et des lichens, c'est la toundra, gelée en hiver, marécageuse en été. (*Voir* 4<sup>e</sup> *image.*) Dans les mers de ces régions glacées, on trouve en abondance toutes sortes de poissons, d'énormes baleines, des amphibies comme les phoques et les morses, et des palmipèdes comme les manchots. Les animaux terrestres sont plus rares : les principaux sont les ours blancs et les rennes.

**8. Les Climats et l'homme.** — Bien que l'homme puisse s'adapter aux climats plus aisément que les végétaux et les animaux, certains cependant lui sont plus favorables que d'autres.

Les *climats chauds et humides* des régions équatoriales et tropicales sont déprimants pour les forces, et malsains par les fièvres qu'ils engendrent.

Les *climats chauds et secs* des régions subtropicales sont sains, mais le manque d'eau supprime toute vie.

Les *climats très froids* des régions polaires se prêtent à l'action, mais ils stérilisent les efforts.

Seuls les *climats tempérés*, par leurs températures moyennes et leurs pluies modérées et en toute saison, permettent à l'homme de développer toute son intelligence et toute son activité, pour tirer parti des ressources dont la Providence a doté la nature. Aussi, les grandes civilisations ont toujours été cantonnées dans les régions tempérées.

**9. La végétation et l'homme.** — La vie économique varie avec les zones de climat et de végétation.

Dans les épaisses *forêts équatoriales*, les hommes vivent en nomades, isolés par famille ou par tribu, de la chasse et de la cueillette des fruits.

Dans les *zones herbeuses* des savanes et des steppes, vivent, groupés par tribus, des nomades pasteurs, ou des semi-nomades ajoutant aux produits de leurs troupeaux, quelques cultures rudimentaires, sur des terres débarrassées des herbes par le feu, et abandonnées pour d'autres après la récolte.

Les *zones désertiques* sont parcourues par quelques nomades pasteurs, caravaniers et pillards, dominant les agriculteurs sédentaires des oasis. (*Voir* 3<sup>e</sup> *image.*)

Les *zones tempérées* sont le séjour de sédentaires agriculteurs, éleveurs, industriels et commerçants, vivant groupés en États fortement constitués.

Dans les *zones glaciales* végètent, isolés par familles, quelques nomades pasteurs, pêcheurs et chasseurs.

**DEVOIR ÉCRIT.** — 1. *Exercice* 18 *du Cahier de Croquis.* — 2. *Caractériser la vie végétale, animale et humaine dans chaque zone de climat.*

4. — **La Toundra** est une plaine glacée ou marécageuse, suivant la saison. En hiver elle est couverte de neige. Pendant les deux ou trois mois d'été, la neige fond, mais le sous-sol reste gelé et imperméable ; aussi les eaux s'étalent et forment des marécages d'où émergent quelques monticules couverts de mousses et de lichens, dont se nourrissent les rennes.

# 13e Leçon. — POPULATION, RACES, RELIGIONS ET CIVILISATIONS

**1. Population** — La population totale du Globe est d'environ un ***milliard sept cents millions*** d'habitants, soit 42 fois la population de la France. Sa densité est de 12 habitants au km².

Cette population s'accroît sans cesse par l'excédent des naissances sur les décès. En Europe la natalité est annuellement de 36 pour 1.000 habitants, et la mortalité, de 24, ce qui donne un accroissement de 12 pour 1.000.

La population d'un pays trop pauvre ou trop peuplé émigre dans les pays plus riches ou moins peuplés. Cette *émigration* peut être définitive ou temporaire.

Les **grands pays d'immigration** sont les terres neuves de l'Amérique ou de l'Australie.

Les pays qui fournissent le plus **d'émigrants** sont l'Italie, l'Allemagne, les États Scandinaves, la Chine et le Japon.

**2. Races humaines.** — Les hommes descendent tous d'Adam, et ne constituent qu'**une seule espèce humaine.** Mais, d'après la couleur de la peau et la forme du visage, on distingue **quatre races principales** : la *race blanche*, la *race jaune*, la *race noire*, et la *race rouge*.

**3. La race blanche** a la peau blanc rosé, le visage ovale et les cheveux ondulés. Elle domine les autres races par le nombre (880 millions) et par la civilisation. On la divise en deux types physiques : l'un blanc clair (blond ou brun), l'autre blanc basané.

*a)* **Le type blanc clair** comprend les *Latins*, les *Germains*, les *Anglo-Saxons*, les *Scandinaves* et les *Slaves*. Ils peuplent l'Europe et ont colonisé l'Amérique, le Sud de l'Afrique, l'Australie, la Nouvelle-Zélande et le Centre-Nord de l'Asie.

*b)* **Le type blanc basané** comprend : les *Juifs* répandus dans le monde entier ; les *Arabes*, les *Berbères*, les *Fellahs*, les *Abyssins* et les *Gallas*, qui peuplent l'Arabie, le Nord et le Nord-Est de l'Afrique ; les *Iraniens* et les *Indous*, qui peuplent le Plateau de l'Iran et le nord de l'Inde.

**4. La race jaune** est caractérisée par une petite taille, le teint jaunâtre, le visage plat, les pommettes saillantes, les paupières obliques et les cheveux lisses et noirs. Sa civilisation très ancienne est restée longtemps stationnaire. Cette race compte 660 millions d'individus qui peuplent le centre et l'Est de l'Asie. Elle comprend les *Japonais*, les *Chinois*, les *Annamites*, les *Cambodgiens*, les *Birmans*, les *Mandchoux*, les *Mongols*, les *Tibétains* et les *Turcs*.

A la race jaune se rattachent les *Finnois*, les *Malais* et les *Polynésiens*.

*a)* Les **Finnois** peuplent surtout le Nord de l'Europe et de l'Asie. Ils comprennent les *Finlandais*, les *Lapons*, les *Samoyèdes* et les *Yakoutes*.

*b)* Les **Malais** habitent l'Insulinde ou Malaisie.

*c)* Les **Polynésiens** sont bruns comme les Malais, mais leur taille est élevée et leurs yeux sont ronds comme ceux des Blancs. Ils occupent les petites îles de l'Océanie orientale.

**5. La race noire** a la peau brun chocolat, la mâchoire inférieure saillante, les lèvres épaisses, le nez large et aplati et les cheveux noirs et crépus. Les Noirs ont une civilisation arriérée. Ils sont 150 millions répartis dans les régions chaudes. On les divise en deux groupes : le *groupe africain* et le *groupe océanien*.

*a)* Le **groupe africain**, le plus important, est formé de nègres de haute taille dont la couleur varie du brun au noir d'ébène. Il comprend les *Soudanais* qui peuplent le Soudan ainsi que les régions tropicales de l'Amérique où ils furent transportés comme esclaves pour travailler aux plantations ; les *Bantous* et les *Cafres* du Centre et du Sud de l'Afrique.

*b)* Le **groupe océanien** est formé de noirs dont la taille est plus petite que celle des nègres du groupe africain. Il comprend les *Mélanésiens*, les *Papous* de la Nouvelle-Guinée, les *Australiens*, et les *Maoris* de la Nouvelle-Zélande. Les *Dravidiens* du sud de l'Inde se rapportent à ce groupe océanien ou oriental.

**6. La race rouge** a la peau brunâtre et le front fuyant. Les Peaux-Rouges sont à peine dix millions. Ils forment des groupes épars du Nord au Sud de l'Amérique : les *Esquimaux* de la région polaire ; les *Algonquins*, les *Iroquois* et les *Sioux*, de l'Amérique du Nord ; les *Aztèques* de l'Amérique Centrale ; les *Araucans* de la région tropicale de l'Amérique du Sud qui formaient, au moment de la découverte, le vaste empire des Incas ; enfin les *Patagons* et les *Fuégiens*, de l'extrémité méridionale de l'Amérique et des **archipels voisins**.

**7. Religions.** — Tous les peuples ont le sentiment de la Divinité qui a créé et gouverne le monde, mais les uns adorent le seul vrai Dieu : ce sont les *monothéistes* ; les autres croient faussement qu'il existe plusieurs dieux et adorent même les choses créées : ce sont les *polythéistes* ou païens.

1° Le **Monothéisme** domine parmi les peuples de race blanche. Il comprend le Christianisme, le Mahométisme et le Judaïsme.

*a)* Le **Christianisme,** institué par Notre-Seigneur Jésus-Christ, Rédempteur du Monde, base ses croyances sur l'Évangile. Les chrétiens se divisent en Catholiques, Protestants et Grecs schismatiques.

Les *Catholiques* dominent parmi les Latins, dans le centre et le sud-ouest de l'Europe et dans l'Amérique du Centre et du Sud.

Les *Protestants* dominent parmi les Germains, les Anglo-Saxons et les Scandinaves, dans le Nord de l'Europe et de l'Amérique.

La *Religion grecque schismatique* domine parmi les Slaves, en Russie et dans les Balkans.

*b)* Le **Mahométisme** suit la doctrine de Mahomet exposée dans le Coran. Il domine dans l'Asie occidentale et dans l'Afrique septentrionale.

*c)* Le **Judaïsme** est la religion des Juifs qui attendent encore le Messie promis ; quoique peu nombreux, ils sont dispersés dans le monde entier.

2° Le **Polythéisme** ou paganisme domine parmi les races de couleur. Il comprend le *Brahmanisme*, parmi les Hindous, le *Bouddhisme* parmi les Jaunes, le *Fétichisme*, ou culte grossier des idoles, parmi les Noirs.

**8. La civilisation** est à la fois morale et matérielle. Elle se manifeste par l'observation du Décalogue ou de la loi naturelle gravée par Dieu au fond de toutes les consciences, et par l'assujettissement de la nature aux besoins de l'homme. Elle comprend trois principaux degrés : ceux des *primitifs*, des *nomades* et des *civilisés*.

1° Les **primitifs ou sauvages** ne possèdent que quelques traces informes de civilisation : par la cueillette des fruits, la chasse et la pêche rudimentaires, ils demandent à la terre ce qu'elle produit sans culture ; ils vivent dans des huttes de branchages et ils demeurent isolés par familles, ou groupés en tribus sous des chefs souvent tyranniques.

2° Les **nomades** n'ont qu'une demi-civilisation : ce sont des pasteurs ; ils vivent sous des tentes portatives

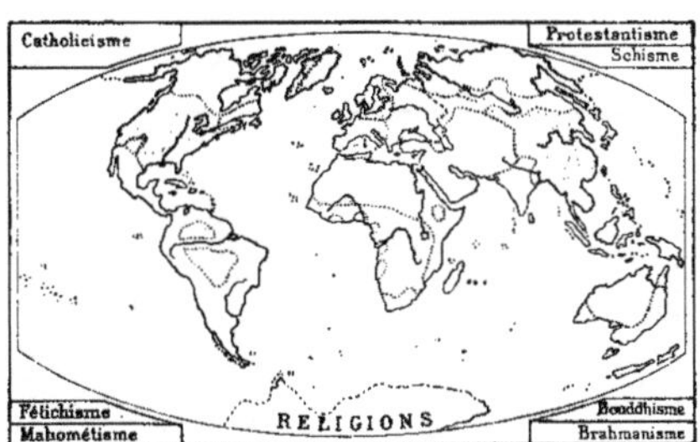


et sont soumis à des chefs de famille ou de tribu.

3° Les **civilisés** ont atteint un haut degré de civilisation par un grand *développement économique* qu'ont favorisé l'établissement de nombreuses *voies de communication* et une forte *organisation politique*.

**9. Développement économique.** — *a)* **L'agriculture** est le travail des champs. Les *agriculteurs* ou *cultivateurs* vivent à la campagne dans des **fermes** isolées, des **hameaux,** des **villages** et des **bourgs.**

*b)* **L'industrie** transforme les matières premières en objets utiles. Les *industriels*, et les *ouvriers* qu'ils emploient, travaillent dans des usines, des fabriques, des ateliers. Une **ville industrielle** est celle où il y a beaucoup d'usines, de fabriques ou d'ateliers.

*c)* Le **commerce** est l'achat et la vente des produits de l'agriculture ou de l'industrie. Les *commerçants* ou *marchands* demeurent généralement à la ville, dans des magasins ou des boutiques.

**10. Voies de communication.** — On distingue : 1° les *voies terrestres* : routes et chemins de fer ; 2° les *voies navigables* : fleuves, canaux et mers ; 3° les *voies aériennes*.

*a)* Sur les **routes,** on voyage à pied, à bicyclette, à cheval, en voiture ou en automobile.

*b)* L'établissement des **chemins de fer** exige de grands travaux : des *ponts* sur les fleuves, des *viaducs* sur les vallées profondes, des *tunnels* à travers les montagnes.

*c)* Les **canaux** sont des cours d'eau navigables creusés par l'homme. Dans les pentes trop rapides, ils sont munis d'*écluses* qui permettent aux bateaux de monter et de descendre leur cours.

*d)* La **navigation maritime** se fait au moyen de grands navires. Ceux qui vont d'Europe en Amérique à travers l'Atlantique sont des *transatlantiques*.

*e)* **On voyage dans les airs** à l'aide de *dirigeables*, et d'*avions* dont la vitesse peut atteindre 300 km. à l'heure. C'est le moyen de locomotion le plus rapide.

**11. Organisation politique.** — Un **peuple** ou une **nation** est un ensemble d'hommes ayant mêmes origines, mêmes mœurs, et souvent même langue et même religion.

La **Patrie,** c'est le pays de nos pères.

Un **État** est un pays soumis aux mêmes lois et à un même gouvernement. Il est *unitaire* ou *fédéral*.

Le **Gouvernement** d'un peuple ou d'un pays porte, selon sa forme, le nom de *monarchie* (royaume ou empire) ou de *république*.

DEVOIR ÉCRIT. — 1. *Exercice 19 du Cahier de croquis.* — 2. *Faites le tableau synoptique des races et des religions.*

# 14e Leçon. — CONTINENTS ET OCÉANS

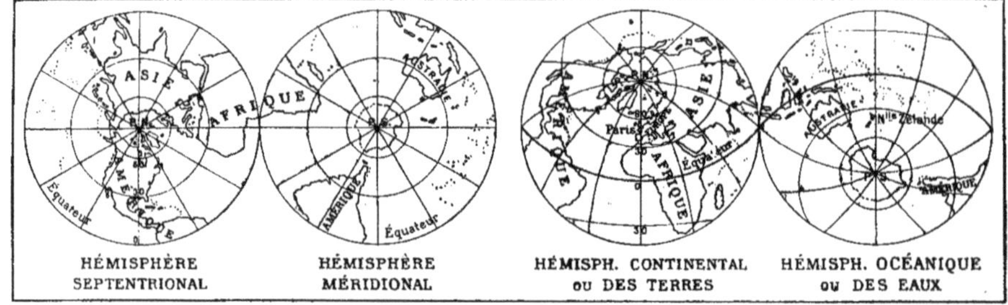


1. Répartition des terres et des mers sur le Globe.

**1. Répartition des terres et des mers.** — La surface du globe se divise en *terres* émergées et en *eaux salées.*

Les terres occupent un peu plus du quart de la surface du globe, et les mers en couvrent presque les trois quarts.

L'***hémisphère nord*** et l'***hémisphère oriental*** renferment plus de terres émergées que l'***hémisphère sud*** et que l'***hémisphère occidental.***

Dans l'**hémisphère nord,** la forme des terres et leur situation dans les bonnes zones climatériques se prêtent mieux au séjour de l'homme que dans l'**hémisphère sud.** En effet, tandis que dans l'hémisphère nord, les terres ont des contours découpés plus favorables aux influences océaniques, celles de l'hémisphère sud sont plus massives.

Dans l'hémisphère nord, la zone tempérée, la seule pratiquement habitable, compte la plus grande partie des terres, alors que les zones glaciales et torrides ne couvrent que des presqu'îles ou des archipels peu étendus. Dans l'hémisphère sud, au contraire, la zone torride occupe la plus grande étendue des terres, et la zone glaciale est complètement déserte, tandis que la zone tempérée se réduit aux trois pointes méridionales de l'Afrique, de l'Amérique et de l'Australie.

En divisant le Globe en deux hémisphères ayant pour pôles l'un Paris, l'autre l'antipode de Paris, situé au sud-est de la Nouvelle-Zélande, on obtient un ***hémisphère continental*** renfermant les 8/10 des terres et un ***hémisphère océanique*** composé des 7/10 des eaux.

**2. Les terres** forment trois *continents* et un grand nombre d'*îles.* Elles se divisent en cinq *Parties du monde.*

**3. L'Ancien Continent** est ainsi nommé parce qu'il est le plus anciennement connu. Il est situé dans l'hémisphère oriental. C'est le plus étendu. Il comprend trois Parties du monde : l'*Europe,* l'*Asie* et l'*Afrique.*

L'Europe est 18 fois plus étendue que la France.

L'Afrique est 3 fois plus étendue que l'Europe et l'Asie, un peu plus de 4 fois.

**4. Le Nouveau Continent** ou **Nouveau Monde** fut ainsi nommé parce qu'on ne l'a découvert qu'au XVe siècle. Il est situé dans l'hémisphère occidental. Il forme l'Amérique, qui est 4 fois plus étendue que l'Europe.

**5. Le Continent australien** ou **Australie** forme, avec les îles de l'Océan Pacifique, la cinquième Partie du monde, l'**Océanie,** qui est un peu moins étendue que l'Europe.

**6. Les eaux salées** forment cinq *Océans :* l'Océan Pacifique, l'Océan Atlantique, l'Océan Indien, l'Océan Glacial Arctique et l'Océan Glacial Antarctique.

**7. L'Océan Pacifique** a été ainsi nommé à cause de ses calmes relatifs ; il est situé entre l'Amérique, l'Asie et l'Australie. On l'appelle encore *Grand Océan,* parce qu'il est le plus vaste et le plus profond : il égale 18 fois l'étendue de l'Europe ; il couvre la moitié de l'espace

2. — Hémisphères occidental et oriental. — Étendues comparées des Océans et des Parties du monde, l'Europe prise comme unité.

occupé par les eaux, et les 2/5 de la surface du Globe. Par endroits, il atteint près de 10.000 mètres de profondeur.

C'est en traversant le Pacifique, vers le 180e degré de longitude, que les navigateurs font le **saut du jour** : ils *sautent* un jour de leur calendrier s'ils viennent de l'est, et ils en ajoutent un s'ils viennent de l'ouest.

8. **L'Océan Atlantique** tire son nom des Monts de l'Atlas dont il baigne le pied ; il est situé entre l'Europe, l'Afrique et l'Amérique. Il a 9 fois l'étendue de l'Europe ; c'est le plus fréquenté de tous les Océans parce qu'il unit l'Europe et l'Amérique dont l'activité commerciale dépasse de beaucoup celle des autres Parties du monde.

9. **L'Océan Indien** est ainsi appelé parce qu'il baigne l'Inde ; il est situé entre l'Afrique, l'Asie et l'Australie. Il a 7 fois l'étendue de l'Europe.

10. **Les Océans Glacials** portent ce nom parce qu'ils sont presque toujours couverts de glace.

**L'Océan Glacial Arctique** entoure le Pôle Nord. Il est limité par le Nord de l'Europe, de l'Asie et de l'Amérique. C'est le plus petit des cinq Océans : il égale à peu près l'étendue de l'Europe.

**L'Océan Glacial Antarctique** entoure le Pôle Sud. Il communique largement avec les autres Océans et il n'est pas borné par des terres. Il s'étend jusqu'à la limite des glaces flottantes en été, ce qui lui donne une étendue égale à 2 fois celle de l'Europe.

11. **Mers intérieures.** — La plupart des Océans forment des mers intérieures. Les plus importantes se trouvent vers le sud de la zone tempérée de l'hémisphère nord qu'elles contribuent encore à adoucir. Elles forment un profond sillon est-ouest à travers les continents où elles occupent le voisinage des soulèvements récents : la Méditerranée, les Mers des Antilles et du Mexique, et les Mers de Chine et du Japon sont les principales.

**DEVOIR ÉCRIT.** — 1. *Exercices 6 et 7 du Cahier de Croquis.* — 2. *Nommez les Océans et les Parties du monde que vous traverseriez en faisant le tour du monde suivant l'équateur.* — 3. *Combien de fois l'Europe est-elle plus petite que l'Afrique ? — ...que l'Amérique ? — ...que l'Océan Indien ? — ...que l'Océan Atlantique ? — ...que l'Océan Pacifique ? — ...que toutes les Parties du monde réunies ? — ...que tous les Océans ensemble ? — ...que le Globe entier ?*

## SUPPLÉMENT D'ILLUSTRATION POUR LES GRANDES RÉGIONS CLIMATÉRIQUES

1. — **Plantes grasses** (cactus et cierges) des Plateaux mexicains de la zone tropicale, autour de Zacatécas. Durant la saison sèche, ces plantes peuvent résister au manque de pluie, à cause de la provision d'eau qu'elles ont accumulée dans leurs tissus spongieux durant la saison humide.

Phot. Etab. Lévy et Neurdein réunis.

2. — **Végétation méditerranéenne** sur la côte d'Azur, en face de Menton. Elle est caractérisée par des plantes à racines très développées pour favoriser l'absorption, et à feuilles épaisses et luisantes, comme l'aloès et le dracéna du premier plan, pour diminuer, le plus possible, l'évaporation.

Phot. Etab. Lévy et Neurdein réunis.

3. — **Le Sahara** est un désert de pierre ou de sable. Ici, c'est la plaine de sable ondulée par le vent (le erg), où ne croissent que quelques touffes d'herbes dures, comme le drim sorte de graminée dont se nourrissent les chameaux.

Phot. " Bonne Presse ".

4. — **Une oasis saharienne.** — Le Sahara n'est un désert que par manque d'eau. Aux points où l'eau abonde, la végétation est luxuriante : ce sont les oasis. La principale culture, mais non la seule, est celle du dattier.

# 15e Leçon. — LES TERRES POLAIRES

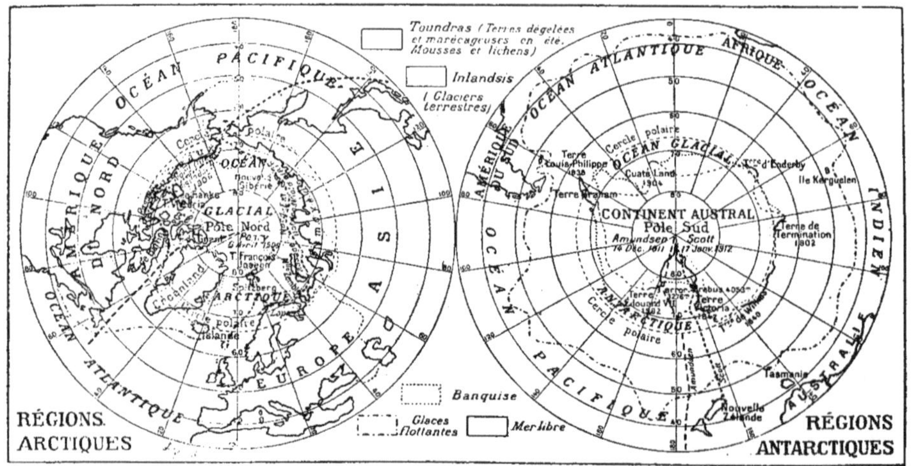


## I. RÉGIONS ARCTIQUES

**1. Exploration.** — Deux motifs principaux ont déterminé l'exploration des terres arctiques : 1° trouver une *route commerciale maritime* unissant les rivages nord de l'Atlantique à ceux du Pacifique ; 2° développer les *connaissances géographiques.*

Le *Passage Nord-Est*, au nord de l'Asie, fut découvert en 1878 par le Suédois Nordenskiold ; le *Passage Nord-Ouest*, au nord de l'Amérique, l'a été en 1906 par le Norvégien Amundsen ; tous les deux sont toujours à peu près impraticables à cause des glaces.

Après de nombreuses tentatives, le ***Pôle Nord*** fut atteint, en 1909, par l'Américain Peary.

**2. Les Terres arctiques** sont disséminées autour d'un Océan presque toujours pris par les glaces. Les principales sont : le *Spitzberg* et la ***Nouvelle Zemble***, au nord de l'Europe ; les Iles de la *Nouvelle Sibérie*, au nord de l'Asie ; la *Terre de Baffin* et le *Groenland*, au nord de l'Amérique.

**Le Groenland, la plus grande île du Globe, aurait quatre fois l'étendue de la France. Il est couvert d'un immense glacier, l'inlandsis (glacier terrestre) ; seules les côtes du Sud-Ouest, dégagées des glaces quelques semaines par an, sont habitées par des Esquimaux (14.000 environ) et par quelques administrateurs danois.**

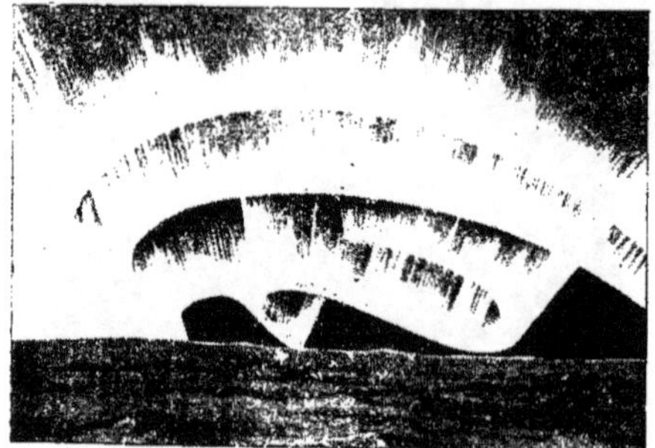

Phot. " Bonne Presse ".
**Aurore boréale** ressemblant à une grande draperie, rouge en bas, jaune au milieu et verte en haut, qui se déroule dans le ciel.

**3. Jour et Nuit. Climat.** — De l'Équateur au Pôle, les jours et les nuits augmentent ou diminuent progressivement. A partir du cercle polaire, il y a des jours et des nuits de plus de 24 heures. Au Pôle il n'y a plus qu'un jour et une nuit par an : pendant 6 mois, le soleil reste visible ; il tourne très bas au-dessus de l'horizon. Ce plein jour est précédé et suivi d'un mois et demi de crépuscule. **La nuit dure 3 mois** ; seules les ***aurores boréales*** l'illuminent parfois de leurs vives lueurs. (*Voir l'image.*)

Les nuits sont glacées et les jours très froids à cause de l'obliquité des rayons solaires ; aussi le climat de ces régions est-il très rigoureux. Les glaces des mers forment des ***banquises*** ou ***icefields*** (pron. *icefild*), sortes de champs de glaces irrégulières, qui, en été, se disloquent sur les bords et produisent des ***glaces flottantes.*** Quant aux ***icebergs*** ou montagnes de glaces, ce sont d'énormes blocs détachés des glaciers terrestres. (*Voir* p. 18, 2e *image.*)

**4. Vie arctique.** — La vie n'est pas absente, dans ces régions glacées, mais elle est pauvre.

La *végétation* s'y compose de quelques buissons épineux, de lichens et de mousses.

Les *animaux* y sont assez nombreux, mais les espèces sont peu variées : on trouve des ***animaux terrestres***, comme les ours et les rennes ; des ***palmipèdes***, comme les eiders et les manchots ; des ***amphibies***, comme les phoques et les morses ; enfin, des baleines et de nombreux poissons.

Les ***habitants*** de ces pays glacés ne s'écartent guère des côtes ; ils vivent de la pêche, de la chasse ou de l'élevage du renne. Ils appartiennent à la race jaune ; ce sont : **les**

*Lapons,* au nord de l'Europe ; les *Samoyèdes*, au nord de l'Asie, et les *Esquimaux*, au nord de l'Amérique.

## II. RÉGIONS ANTARCTIQUES

**5. Explorations.** — Les *Terres antarctiques*, beaucoup plus éloignées des pays habités que les Terres arctiques, n'ont commencé à être explorées que bien plus tard ; cependant les deux pôles ont été atteints à peu près à la même époque. Amundsen et Scott sont parvenus au ***Pôle Sud*** à la fin de **1911**, à un mois d'intervalle.

**6. Terres australes.** — L'exploration de ces régions a prouvé l'existence d'un *Continent Austral*, l'*Antarctide*. Il est très élevé et volcanique : l'*Erébus* et le *Terror* sont des volcans actifs de 3.000 à 4.000 mètres d'altitude. Ce continent aurait deux fois l'étendue de l'Europe ; il est toujours couvert de glaces. Ses côtes ont reçu un nom des explorateurs qui les ont approchées ou simplement aperçues de loin. (*Lisez leurs noms sur la carte.*)

**7. Climat.** — Les régions antarctiques sont encore plus froides que les régions arctiques ; aussi leurs glaces flottantes dépassent beaucoup plus le cercle polaire, et leurs icebergs sont plus volumineux.

**8. Vie australe.** — La vie, dans les régions australes, est beaucoup plus pauvre que dans les régions arctiques.

La *végétation* se réduit à un peu de mousse et de lichen ; la *vie animale* est représentée par des poissons, des baleines, des phoques et surtout par des pingouins qui vivent en nombreuses colonies.

*Aucune race humaine* n'habite ces régions glacées.

**DEVOIR ÉCRIT.** — 1. *Exercice 20 du Cahier de Croquis.* — 2. *Nommez les terres du Continent Austral situées au sud de l'Amérique, de l'Afrique et de l'Australie.*

## SUPPLÉMENT D'ILLUSTRATION POUR L'AMÉRIQUE

Phot. du Vérascope Richard.

**1. — La Sierra Névada** est creusée de vallées pittoresques. La plus célèbre, celle du Yosémite que draine un affluent du San-Joaquin, est bordée de tous côtés par d'abruptes falaises de granit de 1.200 à 1.500 mètres de hauteur. L'image représente une de ces roches terminée par trois pics aigus qui lui ont valu son nom, les *Trois Frères*. Le fond de la vallée porte des forêts aux essences variées où domine surtout le sapin.

C.l.c. Molteni.

**2. — Le Parc du Yellowstone** a 105 km. de long sur 88 de large. Le lac qui lui donne son nom se déverse, par une rivière appelée aussi Yellowstone, dans le haut Missouri. Toute la région est accidentée de collines boisées et de gorges pittoresques que les rivières parcourent en cascades. On y rencontre de nombreuses sources thermales dont les dépôts calcaires ou siliceux ont formé des vasques d'une grande originalité.

3. — **Les Chutes du Niagara** ont 50 mètres de hauteur. L'Ile de la Chèvre les divise en deux parties inégales ; à l'est la chute américaine de 305 mètres de large, et à l'ouest la chute canadienne de 793 mètres, qu'on appelle aussi chute du Fer à Cheval à cause de sa courbure en demi-cercle. Ce nom est moins exact aujourd'hui qu'il y a un demi-siècle ; à ce moment le pourtour de la chute était plus arrondi, mais l'érosion modifie cette forme de plus en plus. Un quart environ de l'eau du Niagara est détourné, avant les chutes, pour servir à la production de l'électricité.

4. — **La Nouvelle-Orléans** fut fondée, en 1718, sous la Régence du duc d'Orléans, dans notre colonie de la Louisiane. Elle est bâtie dans la plaine deltaïque du Mississipi. Ce fleuve au-delà de la ville, traverse une presqu'île alluviale formée par ses limons, puis se divise en cinq principaux bras, bordés par d'étroites digues fangeuses, qui lui donnent l'aspect d'une gigantesque patte d'oiseau. A cause de l'insalubrité du climat, causée, en été, par la chaleur et l'humidité, la ville est à peu près désertée de juillet à octobre. C'est le plus grand marché du monde pour le coton.

## 16e Leçon. — L'AMÉRIQUE PHYSIQUE

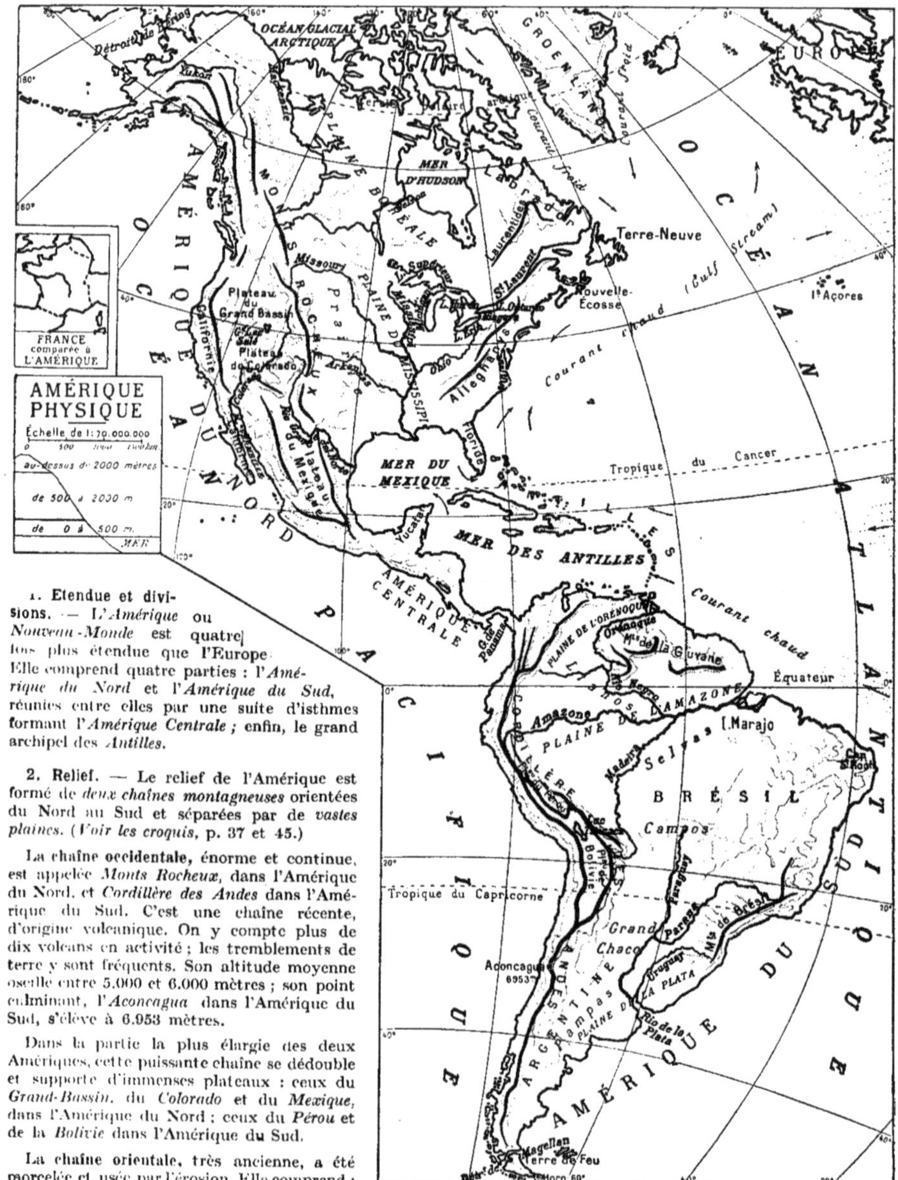


**1. Etendue et divisions.** — *L'Amérique* ou *Nouveau-Monde* est quatre fois plus étendue que l'Europe. Elle comprend quatre parties : l'*Amérique du Nord* et l'*Amérique du Sud*, réunies entre elles par une suite d'isthmes formant l'*Amérique Centrale ;* enfin, le grand archipel des *Antilles*.

**2. Relief.** — Le relief de l'Amérique est formé de *deux chaînes montagneuses* orientées du Nord au Sud et séparées par de *vastes plaines*. (*Voir les croquis*, p. 37 et 45.)

La chaîne **occidentale**, énorme et continue, est appelée *Monts Rocheux*, dans l'Amérique du Nord, et *Cordillère des Andes* dans l'Amérique du Sud. C'est une chaîne récente, d'origine volcanique. On y compte plus de dix volcans en activité ; les tremblements de terre y sont fréquents. Son altitude moyenne oscille entre 5.000 et 6.000 mètres ; son point culminant, l'*Aconcagua* dans l'Amérique du Sud, s'élève à 6.953 mètres.

Dans la partie la plus élargie des deux Amériques, cette puissante chaîne se dédouble et supporte d'immenses plateaux : ceux du *Grand-Bassin*, du *Colorado* et du *Mexique*, dans l'Amérique du Nord ; ceux du *Pérou* et de la *Bolivie* dans l'Amérique du Sud.

La chaîne **orientale**, très ancienne, a été morcelée et usée par l'érosion. Elle comprend :

au Nord, les *Laurentides* et les *Alléghanys*, séparées par la vallée du Saint-Laurent ; au Centre, la *chaîne insulaire des Antilles ;* au Sud, les *Monts de la Guyane* et *du Brésil*, séparés par l'Amazone.

**Entre les chaînes** du Pacifique et celles de l'Atlantique s'étendent d'immenses plaines : dans l'Amérique du Nord, la *Plaine boréale* et la *Plaine du Mississipi ;* dans l'Amérique du Sud, les *Plaines de l'Orénoque*, de l'*Amazone et* de la *Plata.*

**3. Mers et côtes.** — **L'Atlantique** limite l'Amérique à l'Est, depuis le Labrador jusqu'au Cap Horn. Il baigne les Presqu'îles de la Nouvelle-Écosse, de la Floride et du Yucatan, et le Cap Saint-Roch ; il entoure l'Ile Terre-Neuve, les Antilles, et l'Archipel de la Terre de Feu qui est séparé du Continent par le Détroit de Magellan ; il forme les Mers du Mexique et des Antilles.

Le littoral américain de l'Atlantique termine généralement des plaines, aussi est-il le plus souvent bas, sablonneux ou marécageux, et découpé seulement par les estuaires fluviaux. Il n'y a d'exception qu'aux points où les Laurentides, les Alléghanys et les Plateaux du Brésil se terminent sur l'Océan par une côte rocheuse et élevée.

**Le Pacifique** limite l'Amérique, à l'Ouest, depuis le Cap Horn jusqu'au Détroit de Bering. La côte, bordée de montagnes qui lui sont parallèles, est haute et rocheuse ; elle plonge brusquement dans la mer sans plaines littorales.

Tout au Sud, comme à l'extrémité Nord, la côte est déchiquetée et bordée de nombreuses îles formées par une chaîne effondrée dont les sommets seuls émergent.

Dans l'intervalle, la côte se creuse seulement du Golfe de Panama, et projette la Presqu'île de la Vieille Californie qui enserre la Mer Vermeille.

**L'Océan Glacial Arctique** limite l'Amérique au Nord, depuis le Détroit de Bering jusqu'au Labrador. Il forme la Mer d'Hudson ; ses côtes sont frangées de nombreuses îles faisant partie des régions polaires.

**4. Climat et productions naturelles.** — L'Amérique s'étend d'une mer polaire à l'autre, aussi possède-t-elle tous les climats.

**Le climat équatorial,** chaud et humide en tout temps, est celui du centre de l'Amérique du Sud, du littoral de l'Atlantique depuis la Plata jusqu'à la Floride, et des Antilles. C'est le pays des immenses *selvas* ou forêts, qui couvrent tout le bassin de l'Amazone. Elles sont peuplées de singes de petite taille, d'oiseaux et de papillons aux brillantes couleurs, et d'énormes serpents.

**Les régions tropicales** ont des chaleurs toujours fortes, mais les pluies ne tombent qu'une partie de l'année. On y trouve des *savanes*, appelées *llanos* (pr. *lianos*) dans le bassin de l'Orénoque, et *campos* dans le Brésil ; elles sont parcourues par le jaguar, et le puma, sorte de tigre.

**Les Plateaux des Andes** sont des demi-déserts, froids et secs, où vivent le lama et le condor.

**La zone tempérée du Sud** est pluvieuse en été et sèche en hiver. Elle est occupée par les *pampas* de l'Argentine, vastes plaines herbeuses, que l'on transforme peu à peu, par l'irrigation, en cultures ou en prairies.

**La zone tempérée du Nord** s'étend sur le Centre et le Sud de l'Amérique du Nord. Le climat y est continental et d'autant plus excessif qu'on s'éloigne davantage de l'Atlantique, car l'influence du Pacifique est arrêtée par la haute chaîne des Monts Rocheux. Tout le littoral du Pacifique et les deux versants des Alléghanys sont suffisamment humides ; ils portaient jadis d'immenses forêts qu'on a remplacées, en partie, par des cultures ou des prairies d'élevage. Celles qui restent renferment les géants de la végétation, les séquoias de la Californie.

**Entre les Monts Rocheux et le Mississipi,** où les pluies sont plus rares, règne la *prairie* que l'on transforme peu à peu en cultures, par l'irrigation. Là vivaient autrefois d'immenses troupeaux de bisons que la chasse a considérablement diminués.

**La zone froide du Centre** du Canada a des *forêts de résineux* où vivent les animaux à fourrure, comme le renard argenté et le castor.

**La zone glacée du Nord** du Canada n'a que des mousses et des lichens.

Les **richesses minérales** de l'Amérique sont immenses : on trouve du diamant dans les Monts du Brésil ; de l'or, de l'argent et cuivre, dans la chaîne volcanique de l'Ouest ; du fer, de la houille et du pétrole, dans les Alléghanys.

**5. Cours d'eau.** — Les fleuves les plus longs et les plus abondants du Globe sont en Amérique. La plupart descendent de la chaîne occidentale et apportent leurs eaux à l'Atlantique.

*a)* L'Océan Glacial reçoit le **Mackenzie** et le **Nelson,** qui restent gelés la moitié de l'année.

*b)* L'Atlantique reçoit le *Saint-Laurent*, le *Mississipi*, le *Rio del Norte*, l'*Orénoque*, l'*Amazone* et la *Plata*.

**Le Saint-Laurent** sert de déversoir aux cinq *Grands lacs américains :* les *Lacs Supérieur*, *Michigan*, *Huron*, *Erié* et *Ontario ;* la rivière *Niagara*, qui amène les eaux du Lac Érié dans le Lac Ontario, est célèbre par ses chutes grandioses. (*Voir*, p. 29, 3e *fig.*). Le Saint-Laurent constitue une superbe voie navigable, malheureusement prise par les glaces de novembre à avril.

**Le Mississipi** coule vers le Sud ; avec son affluent, le *Missouri*, il forme le plus long fleuve du monde (7.200 km.). Il reçoit encore l'*Ohio* et l'*Arkansas*, et finit dans la Mer du Mexique par un vaste delta. (*Voir*, p. 29, 4e *fig.*).

**L'Amazone** est le premier fleuve du monde pour l'étendue de son bassin (13 fois la superficie de la France) et le volume de ses eaux (plus que tous les fleuves d'Europe ensemble). Avec ses nombreux affluents : *Rio Negro*, *Madeira*, etc., dont 18 sont une fois et demi plus longs que la Loire, il fournit 50.000 km. de voies navigables. Ce fleuve coule lentement à travers l'immense forêt vierge, entre des rives plates et boueuses, de 5 à 6 km. d'écartement. Il se termine dans l'Atlantique par un vaste estuaire de 300 km. de large dont le centre est occupé par l'Ile Marajo qu'il a formée de ses alluvions.

**Le Rio de la Plata** est un vaste estuaire de 300 km. de large, aux eaux peu profondes encombrées de bancs de sable : il est formé par l'*Uruguay*, et le *Parana* grossi du *Paraguay*.

*c)* Le Pacifique, à cause des hautes chaînes qui le bordent de très près, ne reçoit que de faibles cours d'eau torrentueux.

**Le Colorado** est célèbre par le prodigieux cañon (pr. *cagnon*), qu'il a creusé, et au fond duquel il coule, dominé par des talus presque à pic de 1.000 à 1.800 mètres de hauteur.

**Le Youkon** est gelé une grande partie de l'année.

*d)* L'Amérique a deux **bassins fermés** : celui du *Grand Lac Salé*, sur le Plateau du Grand Bassin, et celui du *Lac Titicaca*, sur le Plateau des Andes.

DEVOIR ÉCRIT. — 1. *Exercice 22 du Cahier de Croquis.* — 2. *Décrivez les grands fleuves de l'Amérique.*

## 17e Leçon. — L'AMÉRIQUE HUMAINE

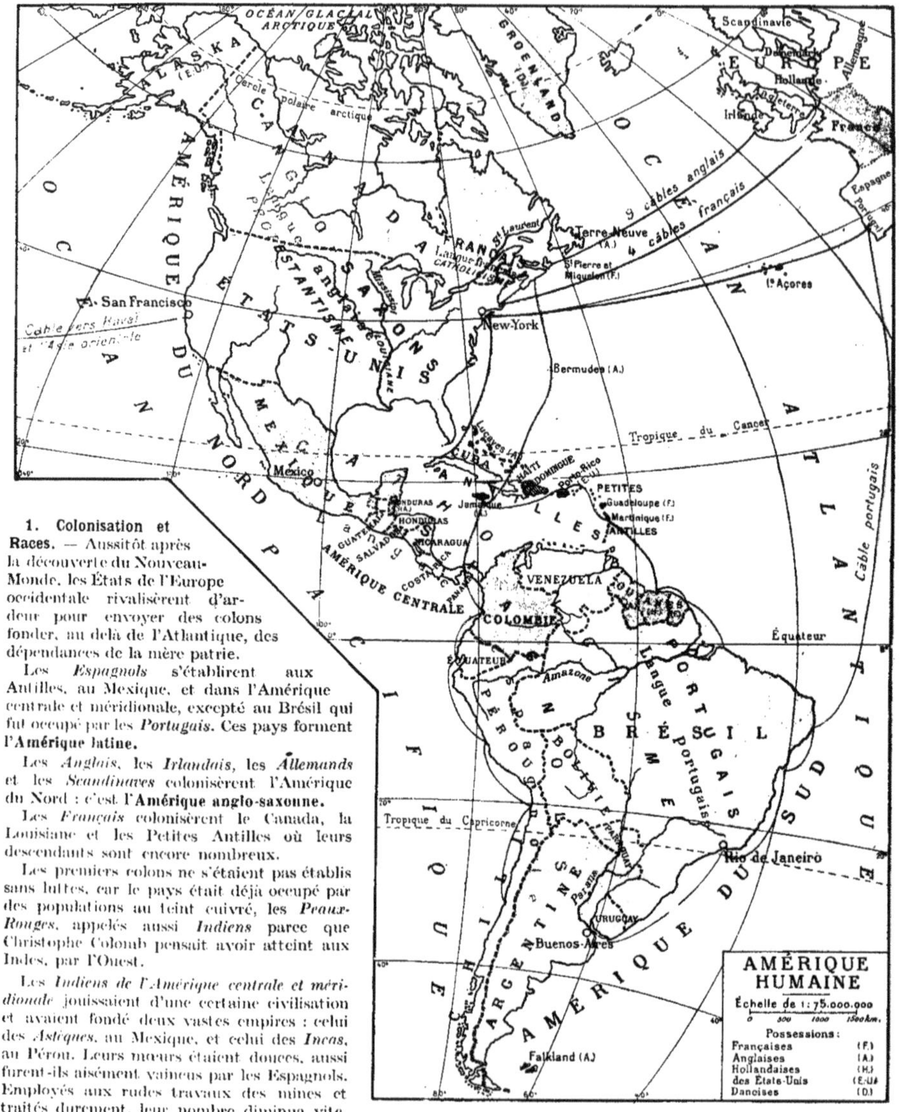


**1. Colonisation et Races.** — Aussitôt après la découverte du Nouveau-Monde, les États de l'Europe occidentale rivalisèrent d'ardeur pour envoyer des colons fonder, au delà de l'Atlantique, des dépendances de la mère patrie.

Les *Espagnols* s'établirent aux Antilles, au Mexique, et dans l'Amérique centrale et méridionale, excepté au Brésil qui fut occupé par les *Portugais*. Ces pays forment l'**Amérique latine.**

Les *Anglais*, les *Irlandais*, les *Allemands* et les *Scandinaves* colonisèrent l'Amérique du Nord : c'est l'**Amérique anglo-saxonne.**

Les *Français* colonisèrent le Canada, la Louisiane et les Petites Antilles où leurs descendants sont encore nombreux.

Les premiers colons ne s'étaient pas établis sans luttes, car le pays était déjà occupé par des populations au teint cuivré, les *Peaux-Rouges*, appelés aussi *Indiens* parce que Christophe Colomb pensait avoir atteint aux Indes, par l'Ouest.

Les *Indiens de l'Amérique centrale et méridionale* jouissaient d'une certaine civilisation et avaient fondé deux vastes empires : celui des *Aztèques*, au Mexique, et celui des *Incas*, au Pérou. Leurs mœurs étaient douces, aussi furent-ils aisément vaincus par les Espagnols. Employés aux rudes travaux des mines et traités durement, leur nombre diminua vite. Cependant, des lois intervinrent pour les protéger, et peu à peu ils se mêlèrent à leurs anciens maîtres ; les métis, qui proviennent de ces mélanges, forment la masse de la population de ces contrées.

**Le Canal de Panama** a 70 km. de longueur, 60 m. de largeur au fond, et de 91 à 305 m. au niveau des eaux. Sa profondeur est de 12 m. 50. Toute la partie moyenne, entre Gatun et Pedro-Miguel, est à 26 m. au-dessus des océans ; cette différence de niveau est corrigée par six écluses de 300 m. de long sur 33 m. de large : trois à Gatun du côté de l'Atlantique ; une à Pedro-Miguel et deux à Miraflores, du côté du Pacifique. Le bief supérieur est alimenté par la rivière Chagres.

Le Canal de Panama a été construit sur les plans du Français Ferdinand de Lesseps qui avait fait creuser celui de Suez. Commencé en 1881, par une Compagnie française qui fit banqueroute, il fut repris, en 1902, par les États-Unis et inauguré le 15 août 1914. C'est un canal neutre, il est ouvert à toutes les nations, mais les États-Unis y ont droit de police et l'ont fortifié ; la zone de 16 km. de large, qu'il traverse, leur appartient. Il voit passer 7 ou 8 navires par jour, en moyenne ; celui de Suez 15 ou 16.

**Les *Indiens de l'Amérique du Nord*, plus sauvages et plus belliqueux, opposèrent une résistance plus vigoureuse et plus longue ; ils furent vaincus à leur tour et relégués dans des réserves qu'on entame de plus en plus : aussi tendent-ils à disparaître.**

Les *Noirs*, importés d'Afrique comme esclaves, dès le XVIe siècle, pour remplacer les Indiens dans l'exploitation des cultures tropicales, ont été affranchis au XIXe siècle. Ils sont particulièrement nombreux dans l'Amérique tropicale tournée vers l'Afrique.

Les *Jaunes* (Chinois et Japonais), d'abord désirés, sont venus si nombreux, et leur concurrence au travail a été si redoutable aux Blancs, que des lois ont restreint leur immigration.

**L'Amérique est aujourd'hui peuplée de 200 millions d'habitants : 110 millions de Blancs, 35 millions de Noirs, 9 millions d'Indiens, 45 millions de Métis et un million de Jaunes.**

**L'Amérique du Nord et l'Amérique centrale sont les plus peuplées ; elles comptent 143 millions d'habitants, 6 ½ au km², tandis que l'Amérique du Sud n'en compte que 57 millions seulement (3 ½ au km²). De plus, l'immigration est surtout nombreuse dans l'Amérique du Nord.**

**2. Langues et Religions.** — Les *langues et les religions* varient avec les races.

**L'Amérique du Nord,** peuplée surtout d'Anglo-Saxons, est *protestante* et *parle l'anglais*. Cependant la *langue française* et le *catholicisme* sont bien représentés au Canada.

**Les Antilles, le Mexique, l'Amérique centrale et méridionale,** peuplés surtout de Latins, sont *catholiques ;* on y parle *la langue espagnole*, sauf au Brésil où on parle le *portugais*, et dans les Petites Antilles où le *français* est employé.

Les *Indiens mêlés aux Blancs*, et les *Noirs*, parlent la langue et professent la religion de leurs anciens maîtres.

Les *Indiens indépendants* parlent divers idiomes et sont païens ; les *Jaunes* ont conservé la langue et la religion de leur pays d'origine.

**3. Divisions politiques.** — L'Amérique fut longtemps une colonie européenne, mais elle s'est presque complètement affranchie : « *L'Amérique aux Américains* » est la devise du Nouveau-Monde.

L'Amérique comprend 17 États constitués, pour la plupart, en républiques fédératives, et quelques possessions européennes.

Ces **17 États** sont : 1° Dans l'Amérique du Nord : les *États-Unis* maîtres de l'Alaska et de Porto-Rico ; le *Mexique*.

2° Dans l'Amérique centrale : six petites républiques : *Guatémala, Salvador, Honduras, Nicaragua, Costa-Rica* et *Panama*.

3° Dans les Antilles : les républiques de *Cuba*, d'*Haïti* et de *Saint-Domingue*.

4° Dans l'Amérique du Sud : les cinq États des plaines orientales : le *Venézuéla*, le *Brésil*, le *Paraguay*, l'*Uruguay* et l'*Argentine ;* et les cinq États de la région des Andes : la *Colombie*, l'*Équateur*, le *Pérou*, la *Bolivie* et le *Chili*.

Le reste de l'Amérique appartient aux Européens : les **Anglais** possèdent le Canada, Terre-Neuve, les Bermudes, les Lucayes, la Jamaïque et la plupart des Petites Antilles, le Honduras britannique, une partie de la Guyane et les Iles Falkland.

Les **Français** possèdent les Iles Saint-Pierre et Miquelon, la Guadeloupe et la Martinique et une partie de la Guyane.

Les **Hollandais** possèdent une partie de la Guyane et quelques Petites Antilles ; les **Danois**, le Groenland.

**4. Relations de l'Amérique avec l'Europe et l'Asie.** — L'Amérique est en relations commerciales avec la plupart des États de l'Europe occidentale et avec l'Asie orientale.

Elle **importe** surtout des *objets de luxe* de l'Europe.

Elle **exporte** des *produits végétaux :* bois et caoutchouc, céréales et coton, sucre et café, rhum et cacao ; des *produits animaux :* viandes et peaux, fourrures et laines ; et des *produits minéraux :* diamants et or, argent et cuivre, houille et pétrole.

Le **commerce maritime** dispose de deux grandes voies : le Pacifique et surtout l'Atlantique, journellement sillonné par de nombreux paquebots faisant un service régulier entre les principaux ports d'Europe et d'Amérique.

Le **transit** entre les deux Océans est grandement facilité par le Canal de Panama inauguré en 1914. (*Voir l'image.*)

Enfin des **câbles sous-marins** unissent le Canada à l'Angleterre (9 câbles) ; les États-Unis à la France (4 câbles), au Portugal (1 câble), et à l'Asie orientale (1 câble) ; le Brésil au Portugal (1 câble).

**DEVOIR ÉCRIT.** — 1. *Exercice 21 du Cahier de Croquis.* — 2. *Quels sont les États de l'Amérique qui touchent à l'Atlantique ?*

# 18e Leçon. — LE CANADA

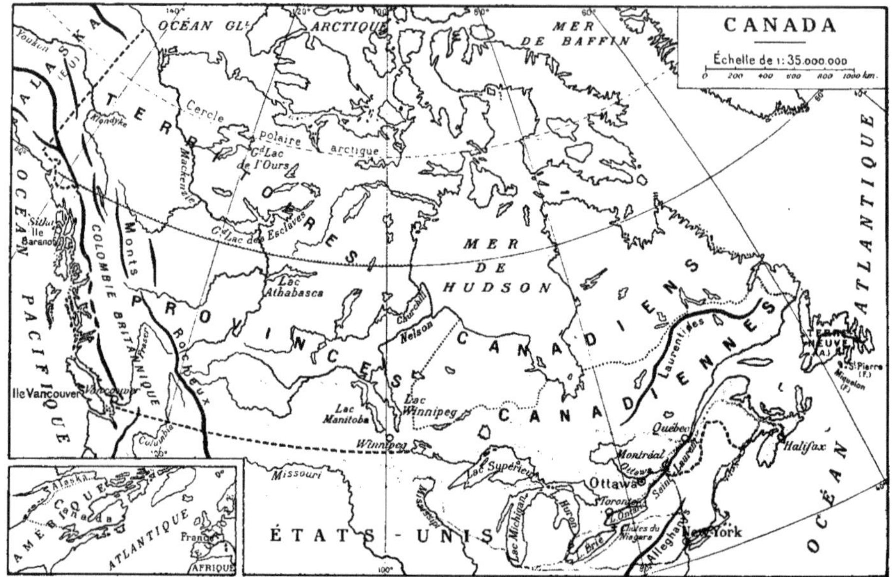


**1. Situation et Etendue.** — Le **Canada** occupe toute la partie septentrionale de l'Amérique du Nord, sauf l'Alaska qui appartient aux États-Unis.

Sa *superficie* égale 16 fois celle de la France.

**2. Aspect.** — Le Canada présente deux régions élevées : l'une à l'Ouest dans les *Monts Rocheux*, l'autre à l'Est, bien moins haute, dans les *Laurentides*.

Entre ces deux régions montagneuses s'étend une *vaste plaine*, herbeuse et fertile au Sud ; marécageuse et glacée au Nord.

Cette vaste plaine est drainée par quatre fleuves qui servent de déversoirs à de nombreux lacs :

Le **Saint-Laurent** amène à l'Atlantique les eaux des *Lacs Supérieurs, Michigan, Huron, Erié* et *Ontario* ; le **Nelson** déverse les eaux des *Lacs Winnipeg*, et finit dans la Mer de Hudson ainsi que le **Churchill** ; le **Mackenzie** sert de déversoir aux *Lacs Athabasca, des Esclaves* et *de l'Ours*, et se jette dans l'Océan Glacial Arctique.

La côte canadienne du Pacifique est drainée par le **Fraser** et la **Columbia**.

**3. Le climat** du Canada est *continental et excessif* : les hivers sont longs et rigoureux (le Saint-Laurent gèle quatre mois par an) ; les étés ont des chaleurs vives, même au delà du cercle polaire.

Seule la Colombie britannique, sur le versant occidental des Monts Rocheux, jouit d'un climat maritime ; elle le doit au voisinage du Pacifique, dont les eaux, attiédies par le Kouro-Sivo, régularisent sa température et lui envoient des pluies abondantes.

**4. Colonisation.** — Un Français, Jacques Cartier, découvrit le Canada au XVIe siècle, et d'autres Français le colonisèrent. Deux siècles plus tard, la colonie, sous le nom de Nouvelle-France, comprenait tout le bassin du Saint-Laurent.

Malheureusement, durant la Guerre de Sept ans, la France, occupée par ses luttes sur le continent, négligea les « quelques arpents de neige » dont parlait si légèrement Voltaire, et les Anglais s'en emparèrent malgré les héroïques efforts de Montcalm.

**5. Population.** — Le Canada est peuplé de 9 millions d'habitants très inégalement répartis : 8 millions 1/2 habitent le bassin du Saint-Laurent, où la densité s'élève à 5 habitants au km², tandis que le reste du pays n'a pas un habitant pour 10 km².

L'*accroissement* de la population est lent mais constant : il est dû surtout à la forte natalité, car l'immigration y est faible, comme l'émigration d'ailleurs.

La **population coloniale** se compose de Franco-Canadiens et d'Anglais.

Les *Franco-Canadiens* descendent des Français qui peuplèrent le pays du XVIe au XVIIIe siècle. Ils sont près de quatre millions et occupent surtout la province de Québec ; ils parlent français et sont catholiques.

Les *Anglais* sont cinq millions, parlent l'anglais et sont protestants.

Les **Indigènes** sont peu nombreux et comprennent des Peaux-Rouges et des Esquimaux.

Les *Peaux-Rouges* ont été cantonnés dans des *réserves* ; ils sont généralement sédentaires, civilisés et catholiques.

Les *Esquimaux*, disséminés dans les îles et sur les côtes de l'Océan Glacial, sont restés sauvages.

**6. Gouvernement.** — Le **Canada** forme une *monarchie fédérative constitutionnelle* composée de 9 provinces autonomes et de 5 territoires.

Phot. Étab. Lévy et Neurdein réunis.

**1. — Montréal**, la plus grande ville du Canada, est bâtie en damier sur les pentes qui s'élèvent doucement des berges du Saint-Laurent jusqu'au pied du Mont Royal qui lui donne son nom et que l'on aperçoit sur la droite de l'image. La vue est prise d'une île du Saint-Laurent, face au port qui peut recevoir des navires de 8 m. 20 de tirant d'eau, et à la ville aux multiples dômes, tours et clochers qui lui donnent un remarquable aspect architectural.

Phot. du Vérascope Richard.

**2. — Les forêts du Canada** couvrent une superficie égale à 6 fois celle de la France. Par leur étendue et leur production de bois de construction et de pâte à papier, elles placent le Canada au premier rang des pays forestiers. Le bois est coupé en hiver et traîné sur la neige jusqu'à la rivière la plus proche, où, au printemps, on en forme des trains, qui vont au fil de l'eau poussés par le vent au moyen de grandes voiles.

Le *pouvoir exécutif* est aux mains d'un Gouverneur général nommé par le roi d'Angleterre.

Le *pouvoir législatif* appartient aux Sénateurs, nommés à vie par le Gouverneur général, et aux Députés, élus pour cinq ans.

Chaque État est gouverné par des Ministres et un Parlement émanant de la représentation nationale.

Les territoires sont régis par le Gouvernement fédéral.

**7. Divisions.** — Les neuf **provinces** occupent la partie méridionale et fertile du Canada. Les cinq **territoires** sont situés dans la plaine boréale, glacée et peu productive.

L'île anglaise de **Terre-Neuve** ne fait pas partie de la puissance du Canada ; elle a un gouvernement particulier, autonome.

Cette île, d'une étendue égale à 1 /5 de la France, est très froide quoique située à la même latitude que notre Bretagne.

Au sud de Terre-Neuve, la France possède les deux

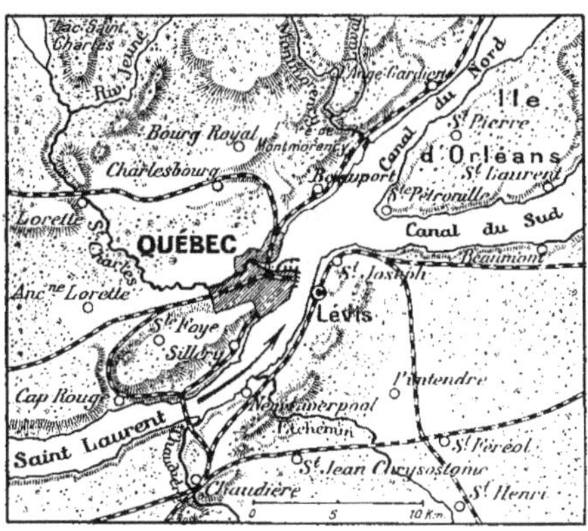


**3. — Québec** est une place forte bâtie au confluent du Saint-Laurent et du Saint-Charles, sur un promontoire rocheux qui domine le Saint-Laurent de plus de 100 mètres. La ville moderne et commerçante occupe la rive du fleuve au pied du promontoire. Québec fut fondé en 1608 par le Français Champlain, et prise par les Anglais en 1759.

îlots de *Saint-Pierre et Miquelon*, derniers restes de ses vastes possessions de l'Amérique du Nord, au XVIII^e siècle.

**8. Villes.** — **Ottawa** (110.000 h.), la capitale fédérale, s'élève sur la rivière de même nom, un affluent du Saint-Laurent.

**Montréal**, sur le Saint-Laurent, est la ville la plus peuplée (650.000 h.) et le principal centre du commerce et de l'industrie du Canada. (*Voir 1re image.*) Elle est peuplée, en majorité, de Canadiens français, ainsi que **Québec** (95.000 h.), bâti plus en aval. (*Voir 3e fig.*).

**Halifax** (50.000 h.) et **Toronto** (525.000 h.) sont des ports, le premier sur l'Atlantique, le second sur le Lac Ontario.

**Winnipeg** (180.000 h.), au sud du lac de même nom, est la principale ville des provinces centrales.

**Vancouver** (120.000 h.), au terminus du Pacifique Canadien, est un port de la Colombie britannique.

**9. Vie économique.** — Le Canada est agricole et minier. La culture des *céréales* et l'*élevage* des bêtes à cornes se pratique en grand dans toutes les plaines méridionales. La Colombie britannique cultive des arbres *fruitiers*, surtout des pommiers. Le Canada est le premier pays du monde pour l'exploitation des *forêts* et des *pêcheries*. (*Voir 2e image.*) La chasse aux *animaux à fourrures* est active.

Le sous-sol est riche en *or*, au Klondyke ; en *houille*, en Colombie britannique ; et en *nickel*, au nord du Lac Supérieur.

Le commerce intérieur dispose de nombreuses *voies navigables* et de *voies ferrées*, particulièrement étendues au sud-est.

Le *Pacifique Canadien* va d'Halifax à Vancouver, par Québec, Montréal, Ottawa et Winnipeg.

Le **Canada exporte** surtout des *produits agricoles* (fruits, blé et bétail), du *bois*, des *pelleteries* et de l'*or*.

**Il importe** des produits manufacturés : *machines* et *étoffes*.

**10. L'Alaska** appartient aux États-Unis. Ce pays, 3 fois étendu comme la France, est montagneux et glacé : il est drainé par un grand fleuve, le Youkon, presque toujours gelé.

Les 55.000 Esquimaux qui l'habitent vivent de la pêche, et de la chasse des animaux à fourrure.

Le chef-lieu est **Sitka**, dans l'île Baranof.

DEVOIR ÉCRIT. — 1. *Exercice 23 du Cahier de Croquis.* — 2. *Quelles sont les principales productions du Canada ?*

# 19e Leçon. — LE SOL ET LA POPULATION DES ÉTATS-UNIS

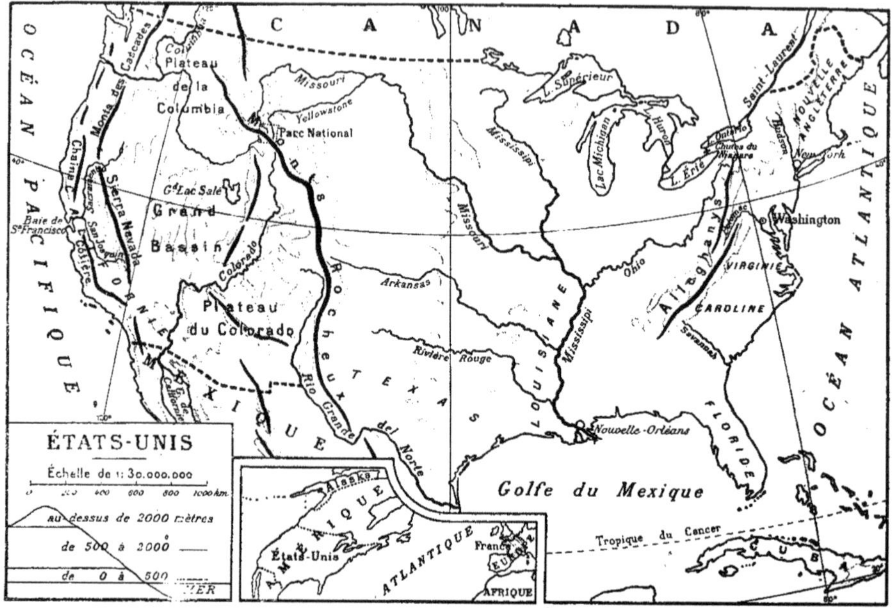


**1. Situation et étendue.** — Les **États-Unis** occupent la moitié méridionale de l'Amérique du Nord. Leur *superficie* égale 14 fois celle de la France.

**2. Aspect.** — Comme le Canada, les États-Unis comprennent trois grandes régions naturelles : une immense *Plaine centrale*, bordée, à l'Ouest, par les *Monts Rocheux*, et à l'Est, par les *Alléghanys*.

La **Région montagneuse de l'Ouest** se compose de trois chaines séparées par des vallées et des plateaux.

La première chaine surplombe le Pacifique : c'est la *Chaîne Côtière*. La seconde, parallèle à la première dont elle est peu éloignée, porte le nom de *Monts des Cascades*, au Nord, et de *Sierra Névada*, au Sud. (*Voir* p. 29, 1re *image*.)

Ces deux premières chaînes sont séparées par la *Grande Vallée* qu'arrosent le Sacramento, venant du Nord, et le San Joaquin, venant du Sud. Ces deux rivières se réunissent avant de couper la Chaîne Côtière et de se jeter dans la magnifique Baie de San Francisco.

Entre la 2e chaine et la 3e, s'étendent les *Plateaux de la Columbia*, au Nord, et du *Grand Bassin*, au Sud. Le Grand Bassin est sans écoulement vers la mer ; ses eaux s'accumulent dans plusieurs dépressions dont la principale est le *Grand Lac Salé*.

La 3e chaine (les *Monts Rocheux* proprement dits) d'abord simple, se bifurque ensuite vers le Sud, et ses deux branches supportent le *Plateau du Colorado* que draine la rivière de même nom, dont les cañons (pron. *cagnon*) étroits et profonds sont si remarquables.

Les Monts Rocheux renferment de nombreux cirques appelés parcs ; le plus grandiose est celui du Yellowstone ou Parc national. (*Voir*, p. 29, 2e *image*.)

**La Plaine centrale**, ou du Mississipi, s'incline lentement vers ce fleuve et vers le Sud, où elle se termine par une côte basse et alluviale. Elle est drainée par le puissant Mississipi et ses affluents le Missouri, l'Ohio, l'Arkansas et la Rivière Rouge.

Les **Alléghanys** ou *Appalaches*, sont de vieilles montagnes calcaires, usées et plissées comme le Jura.

Entre elles et l'Océan, s'étend la Plaine de l'Atlantique que drainent l'Hudson, le Potomac et le Savannah, et que découpent des baies profondes.

**3. Climat.** — Ouverts aux vents glacés du Nord par la Mer d'Hudson et aux vents brûlants du Midi par le Golfe du Mexique, les États-Unis ont un *climat continental et excessif*. Les hivers sont très froids : tous les ans la neige tombe à la Nouvelle-Orléans, et il gèle trois mois à New-York ; par contre, les étés sont torrides, surtout dans la plaine centrale. Seul, le littoral du Pacifique, grâce au Kouro-Sivo, a un climat maritime tempéré et constant. Les pluies sont abondantes à l'Est, depuis l'Atlantique jusqu'au Mississipi, et à l'Ouest, sur le littoral, mais, entre le Mississipi et les Monts Rocheux, et sur les hauts plateaux, elles sont assez faibles.

**4. Colonisation et extension.** — La colonisation des États-Unis commença au XVIIe siècle.

Les *Anglais* s'établirent au Nord-Est (Nouvelle-Angleterre) et à l'Est (Virginie) ; les *Hollandais*, sur l'Hudson;

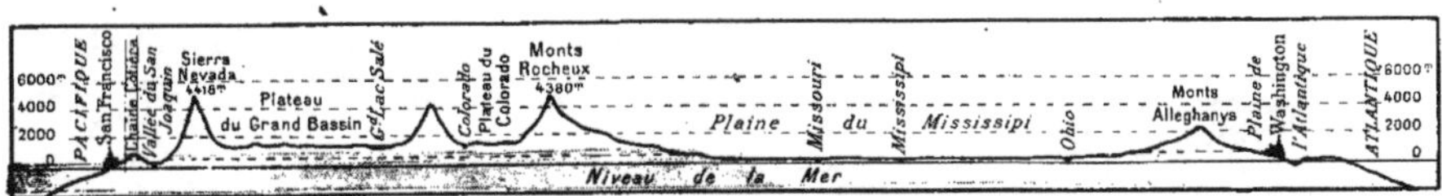


Coupe du relief des États-Unis depuis le Pacifique jusqu'à l'Atlantique

les *Français*, au Sud-Est (Caroline) et le long du Mississipi (Louisiane) ; les *Espagnols*, au Sud (Floride et Texas) et à l'Ouest (Californie). Dans la suite, les Anglais s'emparèrent de toute la côte orientale qui forma 13 colonies sous le nom de Nouvelle-Angleterre.

En 1776, ces 13 colonies se soulevèrent contre la métropole, et, soutenues par la France, elles conquirent leur indépendance et se constituèrent en République Fédérale dont Washington fut le premier Président.

Depuis lors, les États-Unis n'ont cessé de s'agrandir : ils achetèrent la Louisiane à la France, en 1803 ; prirent à l'Espagne la Floride, en 1818, le Texas et la Californie, en 1847. En même temps, les colons américains et les immigrants étrangers s'avançaient vers l'Ouest et enlevaient aux Indiens des territoires, qui devenaient des États dès qu'ils étaient suffisamment peuplés.

A l'exemple des grands États européens, les États-Unis ont voulu se créer un **Empire colonial.**

Dans la deuxième partie du dernier siècle, ils ont acheté l'*Alaska* aux Russes, et annexé les *Iles Havaï*, constituant ainsi deux territoires ; ils ont occupé *Porto-Rico* et *San-Juan* aux Antilles, les *Philippines* et *Samoa* en Océanie, formant quatre colonies proprement dites. Ils exercent, de plus, une sorte de protectorat sur les Républiques de *Panama* et de *Cuba*.

**5. Population.** — Au premier recensement des États-Unis, en 1790, la population était de 4 millions ; elle s'élevait à 50 millions en 1880 ; en 1920, elle atteignait 110 millions.

Ce rapide accroissement est dû surtout à l'immigration. La densité est de 14 habitants au km², mais elle est très inégalement répartie : elle diminue de l'Est à l'Ouest ; les États du Nord-Est dépassent 100 habitants au km², tandis que plusieurs du Centre-Ouest en ont à peine 2.

Cette population fort mêlée a des représentants des quatre races.

**La Race blanche,** la plus nombreuse, forme les 9/10 de la population. Elle comprend surtout des *Anglais*, des *Irlandais*, des *Allemands* et des *Français ;* leur fusion a formé un peuple aux traits physiques et moraux bien caractérisés : l'Américain.

**Les Noirs** descendent des anciens esclaves libérés ; ils sont 11 millions et habitent surtout au Sud-Est. Malgré la loi, les Noirs sont exclus de tout contact avec les Blancs : ils ont leurs temples et leurs écoles, leurs théâtres et leurs hôtels, leurs salles d'attente et leurs wagons spéciaux.

**Les Jaunes** (*Chinois* et *Japonais*) sont nombreux, surtout à l'Ouest.

**Les Peaux-Rouges** descendent des premiers habitants du pays. Les uns vivent errants et sauvages dans les Monts Rocheux et disparaissent peu à peu ; les autres, 200.000 environ, ont été parqués dans des réserves ; ils deviennent agriculteurs sédentaires et se civilisent peu à peu : ils ont déjà leurs villes et leurs journaux.

La langue dominante et officielle est l'anglais.

Plus de 60 millions d'Américains (c'est ainsi que s'appellent les habitants des États-Unis) ont déclaré n'appartenir à aucune religion, et 24 millions se partagent entre 200 sectes protestantes ; mais les catholiques forment un bloc important de 26 millions de fidèles.

**6. Gouvernement.** — Les États-Unis sont constitués en *république fédérative* composée de 48 États, du district fédéral de Washington et de deux territoires : Havaï et l'Alaska.

Le Gouvernement fédéral se divise en trois pouvoirs indépendants :

Le *pouvoir exécutif* est exercé par le Président de la République, que nomment, pour 4 ans, les délégués des États, élus directement pour cette fin. Le Président est aidé par des ministres choisis par lui et qui ne dépendent que de lui. En cas d'empêchement ou de décès, le Président est remplacé par le Vice-Président, chef du Sénat. (*Voir l'image.*)

Le *pouvoir législatif* appartient au Congrès, composé du *Sénat* et de la *Chambre des représentants.*

Le Sénat réunit 96 membres (2 par État) nommés pour 6 ans par les Chambres des États. Les Députés sont élus pour 2 ans au suffrage universel ; leur nombre, par État, est proportionnel à la population.

Le *pouvoir judiciaire* est exercé par la Cour suprême, composée de 9 membres nommés à vie par le Président et acceptés par le Sénat.

Chaque État a son gouvernement particulier composé de deux Chambres et d'un Gouverneur nommés au suffrage universel.

Les territoires et les colonies sont régis par le Gouvernement fédéral.

DEVOIR ÉCRIT. — 1. *Exercice 24 du Cahier de Croquis.* — 2. *Décrivez le sol des États-Unis.*

Phot. Molteni.

**Le Palais de la Maison Blanche**, à Washington, est la résidence du Président des États-Unis, depuis 1800. C'est une construction simple, à deux étages, peinte en blanc, d'où son nom, et précédée d'un portique ionique.

## 20e Leçon. — VIE ÉCONOMIQUE, RÉGIONS ET VILLES DES ÉTATS-UNIS

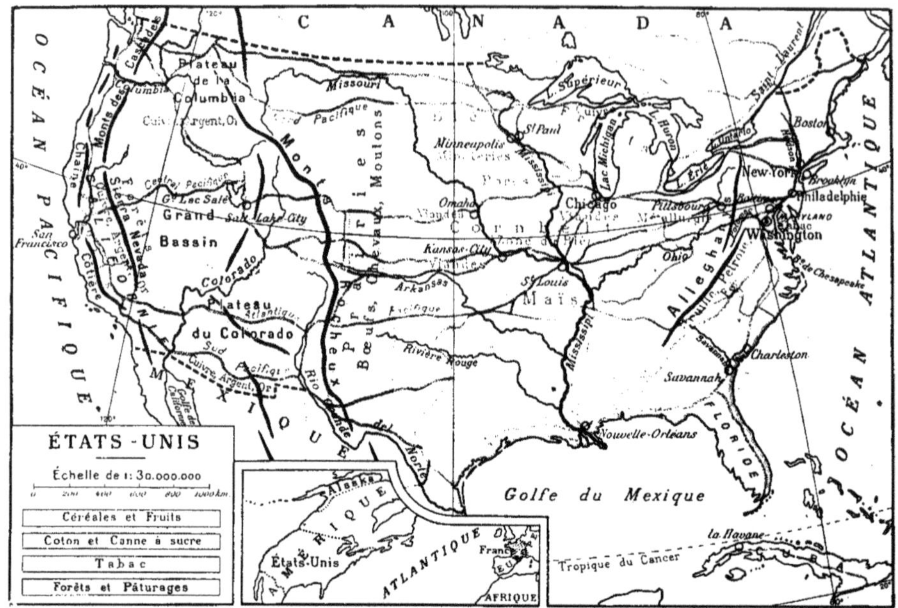


**1. Développement économique.** — Les États-Unis sont la première nation du Globe au point de vue agricole et industriel.

Ils le doivent aux énormes ressources de leur sol et de leur sous-sol ; à l'extraordinaire développement du machinisme et des moyens de transport, et à l'énergie débordante de l'Américain travaillant dans un pays neuf et sur de vastes étendues.

**2. Produits du sol et Industries dérivées.** — *a)* **Le blé** et le **maïs** (blé indien) sont surtout cultivés dans le Centre-Nord et le Nord-Est, qu'on appelle, pour cette raison, le *Cornbelt* (la zone du blé).

Le *blé* fournit 24 millions de tonnes (1 /5 de la production du Globe) dont 1 /3 est exporté.

Le *maïs* donne 75 millions de tonnes (les 3 /5 de la production du Globe) dont une grande partie sert à nourrir les animaux.

Dans ces régions à blé, à Minneapolis et à Saint-Paul, sur le Mississipi, on trouve les plus grandes *minoteries* du monde.

*b)* **Le coton** est cultivé dans la région tropicale du Centre-Sud et du Sud-Est qu'on appelle pour ce motif le *Cottonbelt* (la zone du coton). Il produit les 3 /5 de la récolte mondiale ; un tiers est travaillé sur place et dans le Nord-Est, les deux autres tiers sont exportés par les ports de la Nouvelle-Orléans, de Savannah et de Charleston.

*c)* **Les arbres fruitiers** sont cultivés dans la Région des Grands Lacs et en Californie.

*d)* **La canne à sucre** est cultivée dans le delta du Mississipi et aux Iles Havaï.

*e)* **Le tabac** met les États-Unis à la tête des nations productrices ; il est cultivé le long des côtes de l'Atlantique et dans le bassin de l'Ohio ; il s'exporte par moitié ; le *Maryland* est le plus estimé.

*f)* **L'exploitation des forêts,** pour bois de construction et pâte à papier, est une des grandes industries américaines.

*g)* **L'élevage** se pratique en grand pour fournir aux industries de la viande.

Les États-Unis tiennent le premier rang pour l'élevage des *chevaux* (19 millions) et des *porcs* (56 millions) ; le second rang, après les Indes, pour l'élevage des *bœufs* (65 millions), et le troisième, après l'Australie et l'Argentine, pour l'élevage des *moutons* (36 millions).

D'immenses troupeaux de bêtes à cornes sont élevés dans les Prairies de l'Ouest et expédiés dans les *abattoirs* monstres de Chicago, Kansas City et Omaha.

Dans le Cornbelt, le maïs sert à l'élevage de grands troupeaux de *porcs* dont Chicago est le principal marché.

**3. Produits du sous-sol et Industries dérivées.** — Les États-Unis occupent le premier rang pour la production des *combustibles :* houille et pétrole, et des *métaux communs :* fer, cuivre et plomb, et le second rang pour les *métaux précieux :* or et argent.

**La houille** (les 2 /5 de la production mondiale) et le **pétrole** (les 3 /5), abondent dans la région des Alléghanys ; une partie est exportée.

**Le fer** (les 3 /5 de la production du Globe) est abondant dans la Région des Alléghanys, à proximité de la houille. Il est transformé, sur place, en fonte, acier et machines de tout genre : Pittsbourg est le principal centre métallurgique.

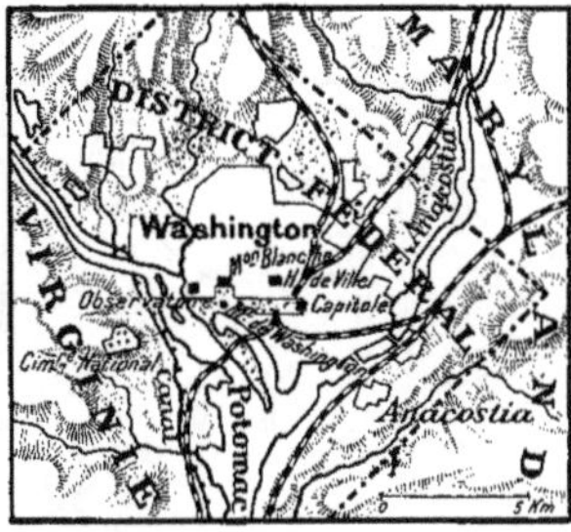


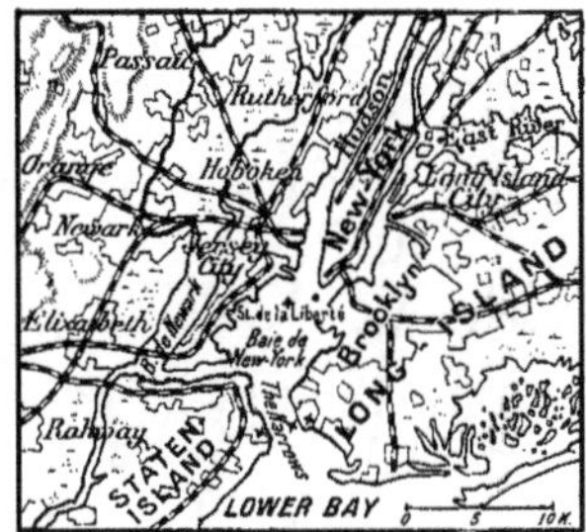


1. — **San Francisco** (Saint-François), fondé, en 1776, par des colons de langue espagnole, ne s'est développé qu'à partir de la découverte de l'or en Californie, en 1848. La ville est bâtie sur la Porte d'Or. C'est le nom que l'on donne à l'entrée d'une magnifique baie où débouchent quelques cours d'eau aux noms également espagnols : le Sacramento (*le Sacrement*) et le San Joaquin (le *Saint-Joachim*). Oakland, nom anglais qui signifie *Terre des Chênes*, est un port, et la villégiature de San Francisco.

2. — **Washington**, la capitale fédérale des États-Unis, est bâtie au confluent du Potomac et de l'Anacostia. C'est aussi le chef-lieu du District fédéral de Columbia, enclavé entre les États de Maryland et de Virginie. Ce District de 181 km² est administré par une commission nommée par le Congrès. Washington est la résidence des pouvoirs publics et du corps diplomatique. Le Congrès tient ses séances au Capitole, et le Président des États-Unis réside à la Maison Blanche. (*Voir l'image*, p. 37.)

3. — **New-York** est bâti dans une île située entre l'Hudson et le détroit, appelé East River, qui la sépare de Long-Island, sur laquelle se trouve Brooklyn. Un pont suspendu, de 1.826 mètres de long et de 45 mètres au-dessus des flots, unit ces deux agglomérations qui, avec Long-Island-City, ne forment qu'une seule ville de plus de 5.630.000 habitants. Au milieu de la Baie de New-York, sur un piédestal de 25 mètres, se dresse la statue de la Liberté de 46 mètres de haut, qui fut érigée en 1886.

Le **cuivre** (les 4/5 de la production du Globe) abonde au sud du Lac Supérieur ainsi que sur les Plateaux de l'Ouest où l'on trouve aussi de l'**argent** et de l'**or.**

**4. Moyens de transport.** — L'espace, le grand obstacle à l'exploitation de cette vaste contrée, a été vaincu par des moyens de transport rapides et économiques.

Les **voies ferrées** sont plus étendues que celles de l'Europe. Parmi les grandes lignes qui vont de l'Atlantique au Pacifique, à travers les États-Unis, quatre unissent directement New-York à San-Francisco : le *Nord Pacifique* et le *Central Pacifique*, par Chicago ; l'*Atlantique Pacifique*, par Saint-Louis, et le *Sud Pacifique* par la Nouvelle-Orléans.

Les **voies navigables naturelles** comme les Grands Lacs, le Mississipi et ses affluents, et les fleuves de l'Atlantique, sont complétées par des canaux qui unissent le Michigan et le Mississipi, l'Érié et l'Hudson.

Le **tonnage de la marine marchande** place les États-Unis au second rang après l'Angleterre.

**5. Commerce.** — Les États-Unis occupent le second rang, après l'Angleterre, parmi les grandes puissances commerciales.

Leurs exportations dépassent leurs importations. Ils **importent** des *matières premières* nécessaires à leur industrie : soie brute de Chine, laine d'Argentine et d'Australie, caoutchouc du Brésil ; des *produits alimentaires :* café du Brésil, thé du Japon, sucre de Cuba ; des *articles de luxe :* objets d'art, tableaux, orfèvrerie. Ils **exportent** des *produits de l'agriculture :* coton, blé, viandes, et des *produits métallurgiques.*

**6. Régions et villes.** — La population rurale des États-Unis reste à peu près stationnaire, tandis que celle des villes augmente considérablement. Soixante-sept villes ont plus de 100.000 habitants et cinq dépassent un million.

Les *villes américaines* diffèrent des villes européennes par deux caractères particuliers : 1° créées de toutes pièces, elles sont bâties sur un plan régulier et symétrique ; 2° comme l'espace est immense, elles occupent une grande surface où les parcs sont vastes et nombreux. (Tandis que Paris compte 30.000 h. par km², Chicago n'en a que 2.330).

Physiquement, les États-Unis se divisent en cinq régions naturelles : Atlantique-Nord et Atlantique-Sud, Centre, Monts Rocheux et Pacifique.

1° **La Région de l'Atlantique-Nord** est surtout industrielle, grâce à ses mines de fer et de houille, à ses sources de pétrole et à la force motrice fournie par les barrages de ses nombreuses rivières.

*New-York* (5.630.000 h.), est la principale ville de l'Union. (*Voir* 3e *fig.*)

*Philadelphie* (1.825.000 h.) et *Boston* (750.000 h.) sont deux grands ports sur l'Atlantique.

*Pittsbourg* (590.000 h.) a d'innombrables hauts-fourneaux qui en font une cité noire et enfumée.

2° **La Région de l'Atlantique-Sud,** formée de plaines d'alluvion, au climat chaud et humide, cultive le tabac, le coton et la canne à sucre.

*Washington* (440.000 h.) est la capitale fédérale. (*Voir* 2e *fig.*)

*Baltimore* (740.000 h.) exporte le tabac du Maryland.

*Nouvelle-Orléans* (390.000 h.) est le plus grand marché du monde pour le coton. (*Voir*, p. 29, 4e *fig.*)

3° **La Région du Centre** cultive les céréales et fait de l'élevage.

*Chicago* (2.700.000 h.), sur le Michigan, au centre d'une immense région agricole, est le plus grand marché du Globe pour les grains et le bétail ; ses immenses abattoirs produisent plus du tiers des conserves du monde.

*Saint-Louis* (775.000 h.), sur le Mississipi, fait un grand commerce de grains et de farines.

4° **La Région montagneuse de l'Ouest** est stérile et déserte. La seule ville notable est *Salt-Lake City*, fondée en 1847 par la secte des Mormons.

5° **La Région du Pacifique** a un climat doux et humide ; elle produit surtout des fruits ; son sous-sol est riche en mines d'or et d'argent.

*San Francisco* (510.000 h.), bâtie à l'entrée d'une baie magnifique, doit sa prospérité à la découverte de l'or en Californie. (*Voir* 1re *fig.*)

DEVOIR ÉCRIT. — 1. *Exercice 25 du Cahier de Croquis.* — 2. *Parlez des productions agricoles des États-Unis.*

# 21e Leçon. — LE MEXIQUE, L'AMÉRIQUE CENTRALE ET LES ANTILLES

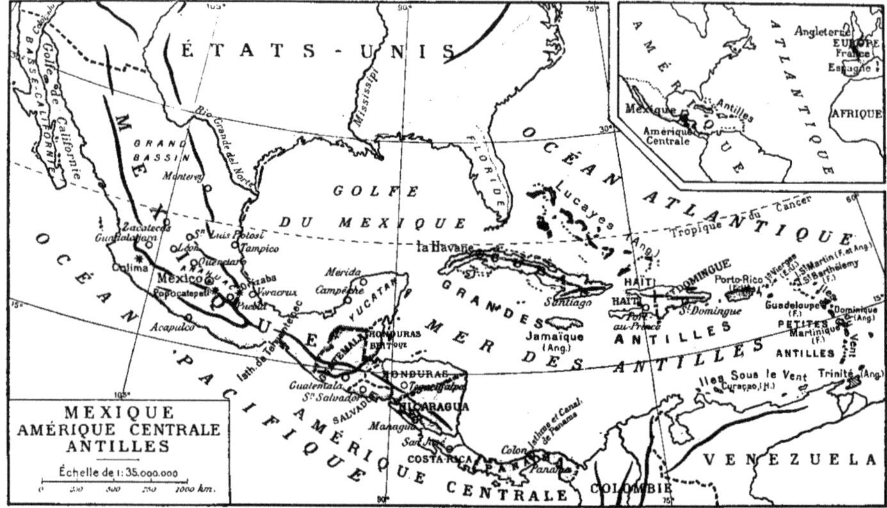


## MEXIQUE

**1. Situation et étendue.** — Le **Mexique** occupe la pointe méridionale de l'Amérique du Nord.

Sa superficie égale 4 fois celle de la France.

**2. Aspect.** — Le Mexique est formé d'un haut plateau central appelé *Grand Bassin* au Nord, et *Anahuac* au Sud.

Ce plateau est encadré de deux chaînes en U dont la partie méridionale est formée surtout de volcans. Les plus fameux sont : le *Colima*, le *Popocatepetl* et l'*Orizaba*. Le Mexique est flanqué de deux grandes presqu'îles : la *Basse-Californie*, au Nord-Ouest, et le *Yucatan*, au Sud-Est.

**3. Climat.** — A cause de la latitude, le climat est tropical : au Sud, la saison sèche égale la saison humide ; au Nord, elle est beaucoup plus longue, mais comme l'altitude modifie profondément le climat, le pays se divise en trois zones : les *terres chaudes*, humides et malsaines, sur le littoral ; les *terres tempérées*, dans les régions de 1.000 à 2.000 mètres ; les *terres froides*, sur les plateaux.

**4. Colonisation.** — Avant l'arrivée des Espagnols, le Plateau d'Anahuac était occupé par les *Aztèques*, et le *Yucatan* par les *Mayas*. Ces peuples formaient deux empires qui jouissaient d'une civilisation assez avancée. En 1521, Fernand Cortez s'empara du pays, et les *Espagnols* accoururent pour l'exploiter. Soulevée contre l'Espagne, la colonie obtint son indépendance en 1821.

**5. Population et gouvernement.** — Le Mexique a 16 millions d'habitants (8 au km²). Le Plateau d'Anahuac est la partie la plus peuplée.

Cette population comprend des *Indiens* hispanisés, descendant des anciens habitants ; des *Métis* d'Indiens et d'Européens, et des *Blancs*, surtout des Espagnols. La langue espagnole et le catholicisme dominent.

Le Mexique est une République fédérative. Son organisation politique ressemble à celle des États-Unis.

**6. Régions et villes.** — 1° **Le Plateau d'Anahuac** est sain, fertile et peuplé ; il porte les principales villes : *Mexico* (450.000 h.), la capitale, située à 2.400 mètres d'altitude, au fond d'un bassin lacustre que domine le Popocatepetl ; *Guadalajara* (120.000 h.), et *Puebla*, villes industrielles ; *Zacatecas*, *Léon* et *San Luis Potosi*, centres miniers et agricoles.

2° **Le Grand Bassin**, sec, peu fertile et peu peuplé, n'a que *Monterey* comme ville de quelque importance.

3° **Le littoral**, chaud, humide et malsain, compte trois ports principaux : *Véracruz* et *Tampico*, sur le Golfe du Mexique ; *Acapulco*, sur le Pacifique.

4° **Le Yucatan**, plateau forestier, exporte des bois de teinture et d'ébénisterie par le port de *Campêche*, et des fibres d'agavé par *Mérida* son chef-lieu.

**7. Agriculture.** — Grâce à sa latitude et à ses différentes altitudes, le Mexique possède la plupart des **cultures**, depuis la *canne à sucre*, le *cotonnier* et l'*acajou* des régions tropicales, jusqu'au *blé*, à l'*orge* et au *sapin* des régions tempérées ou froides.

La plante indigène par excellence est l'*agavé*, sorte d'aloès dont la racine fournit une nourriture agréable et saine ; la fibre, des tissus ; et le suc laiteux, la boisson nationale, le pulqué.

L'élevage des *bœufs* et des *chevaux* se pratique sur les plateaux herbeux, dans des haciendas (grandes fermes) ou des ranchos (petites fermes).

**8. Industrie.** — Le Mexique est riche en **métaux précieux**. Ses *mines d'argent* fournissent les 2/5 de la production totale du Globe et placent le Mexique en tête des pays producteurs. Il vient au second rang pour le *pétrole*.

Les **industries** emploient la *houille blanche* pour remplacer la houille noire qui fait défaut. Elles travaillent les produits indigènes et fournissent aux besoins du pays : *filatures* et *tissages*, *sucreries*, *distilleries* et *chocolateries*.

L'industrie et le commerce des tissus sont, en grande partie, entre les mains des Français.

**9. Voies de communication.** — Le Mexique ne possède ni rivières navigables, ni canaux. Les **voies ferrées** se développent malgré les difficultés qu'opposent les montagnes bordières. Trois lignes unissent les deux océans : la première par Mexico ; la seconde par San Luis Potosi, Quérétaro et Guadalajara ; et la troisième par l'Isthme de Téhuantépec.

Mexico est également uni aux États-Unis par deux lignes qui longent les montagnes : celle de l'Est par Quérétaro, San Luis Potosi et Monterey, et celle de l'Ouest par Léon et Zacatécas.

Véracruz, le principal port de commerce, est desservi par des paquebots de New-York et d'Europe.

**10. Commerce.** — Le Mexique **importe** surtout des *objets manufacturés :* machines et tissus ; il **exporte** de l'argent, du pétrole et des fibres textiles.

C'est avec les États-Unis principalement qu'ont lieu les échanges.

## AMÉRIQUE CENTRALE

**11. Situation et étendue.** — L'Amérique Centrale s'étend du Mexique à la Colombie. Elle unit l'Amérique du Nord à l'Amérique du Sud. Sa *superficie* égale celle de la France.

**12. Aspect, climat et productions.** — L'Amérique Centrale est *montagneuse, volcanique* et fréquemment secouée par des tremblements de terre.

Son **climat** tropical est modifié par l'altitude, comme au Mexique.

Les régions basses produisent des bois précieux, des bananes et de la canne à sucre ; les régions élevées, du café, des céréales et des fruits.

**13. Population et divisions.** — La population de cette ancienne colonie espagnole compte 6 millions d'habitants (10 au km²) : des *Indiens* hispanisés, des *Métis* et des *Blancs*, de religion catholique et de langue espagnole.

L'Amérique Centrale comprend, outre le **Honduras britannique**, *six Républiques* avec Président et une ou deux chambres électives :

**Le Guatémala**, le plus peuplé (2 millions d'h.), capitale *Guatémala.*

**Le Salvador**, le plus petit, possède la population la plus dense (62 h. au km²), capitale *San Salvador.*

**Le Honduras**, capitale *Tégucigalpa.*

**Le Nicaragua**, le plus étendu, capitale *Managua.*

**Le Costa-Rica**, capitale *San José.*

**Le Panama**, capitale *Panama*, sur le Pacifique, à une extrémité du canal ; *Colon* est à l'autre extrémité, sur l'Atlantique.

**14. La vie économique** est peu active à cause d'une population trop clairsemée, des révolutions trop fréquentes, et des moyens de communication insuffisamment développés.

**Le commerce extérieur** a lieu surtout avec les États-Unis ; il comprend l'*importation* des tissus et de la quincaillerie, et l'*exportation* du café, des bananes et des bois précieux.

## ANTILLES

**15. Divisions naturelles et superficie.** — L'Archipel des Antilles comprend trois groupes :

1° **Les Lucayes** au Nord-Est.

2° **Les Grandes Antilles** (*Cuba, Haïti, Porto-Rico* et la *Jamaïque*), orientés de l'Est à l'Ouest.

3° **Les Petites Antilles**, formées des *Iles du Vent*, rangées du Nord au Sud et exposées aux alizés, et des *Iles Sous le Vent*, orientées de l'Est à l'Ouest, et abritées par les premières.

La *superficie* des Antilles égale la moitié de celle de la France.

**16. Aspect, climat et productions.** — Sauf les Lucayes qui sont madréporiques et basses, les Antilles sont montagneuses ; plusieurs des Iles du Vent sont volcaniques.

Le **climat** tropical des Antilles est tempéré par les brises de mer et l'altitude. Ces îles n'ont que deux saisons : la *saison pluvieuse*, en été, et la *saison sèche*, en hiver. Elles **produisent** de la *canne à sucre*, du *café* et du *tabac*, qui ont remplacé les bois précieux d'autrefois.

**17. Colonisation et population.** — Découvertes par Christophe Colomb en 1492, les Antilles furent immédiatement occupées par les Espagnols qui remplacèrent, peu à peu, par des Noirs importés d'Afrique, les Indigènes disparus à la suite des durs travaux auxquels ils furent soumis.

La population de 10 millions d'habitants (32 au km²) est catholique ; elle comprend 2 millions de Blancs, autant de Mulâtres, et 6 millions de Noirs. L'espagnol est la langue employée, sauf aux Iles du Vent et dans l'Ouest d'Haïti où l'on parle français.

**18. Partage politique.** — Les richesses de ces îles excitèrent de bonne heure la convoitise des peuples coloniaux. Les Espagnols qui en furent les premiers possesseurs les ont toutes perdues les unes après les autres. Aujourd'hui Cuba et Haïti sont indépendantes ; les États-Unis, l'Angleterre, la France et la Hollande se partagent le reste.

**Cuba**, la perle des Antilles, égale 1/4 de la superficie de la France. Sa population est de 3 millions d'habitants (17 au km²). Colonie espagnole jusqu'en 1898, elle forme une République indépendante sous le contrôle financier des États-Unis. Montagneuse et fertile, l'île produit surtout du tabac.

Sa capitale est le port de la *Havane* (370.000 h.) ; *Santiago*, est un autre port de la région orientale.

**Haïti**, montagneuse et fertile, forme deux Républiques nègres : **Haïti** à l'Ouest, de langue française, capitale *Port-au-Prince ;* **Saint-Domingue**, à l'Est, de langue espagnole, capitale *Saint-Domingue.* L'île produit du sucre et du tabac, mais elle est peu prospère à cause des discordes civiles.

**Les États-Unis** sont maîtres des *Iles Vierges* et de *Porto-Rico* qui est très fertile en canne à sucre, et très peuplé (120 h. au km²).

**L'Angleterre** possède les *Lucayes*, la *Jamaïque* qui produit beaucoup de canne à sucre dont on fait du rhum ; la plupart des *Petites Antilles*, entre autres la *Dominique* et la *Trinité.*

A **la France** appartiennent la *Martinique*, la *Guadeloupe*, *Saint-Barthélemy* et la moitié de *Saint-Martin.* Très fertiles et très peuplées, les Antilles françaises produisent du sucre, du café et de la vanille.

**La Hollande** n'a que quelques-unes des Petites Antilles, dont la plus connue, Curaçao, produit des oranges amères dont on fait la liqueur qui porte son nom.

**19. Commerce.** — Les Antilles sont tributaires de l'étranger, car elles ne produisent que pour l'**exportation :** tabac, café, sucre et vanille. Elles doivent **importer** tout ce qui est nécessaire à la vie : nourriture, vêtements, ustensiles. Les États-Unis sont leur principal exportateur et importateur.

DEVOIR ÉCRIT. — 1. *Exercice 26 du Cahier de Croquis.* — 2. *Nommez les productions du Mexique, de l'Amérique Centrale et des Antilles.*

# 22e Leçon. — LE VÉNÉZUÉLA, LES GUYANES ET LE BRÉSIL

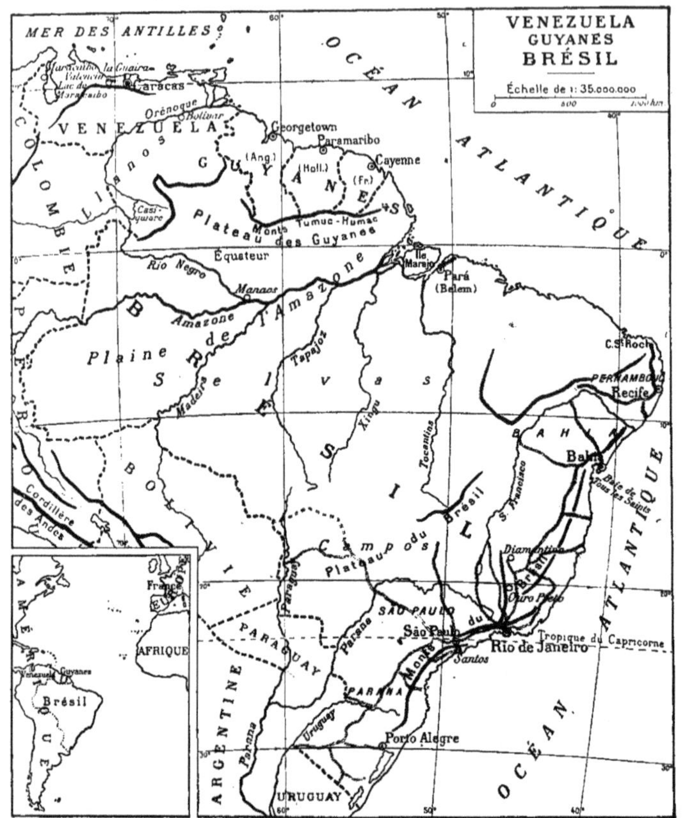


## VÉNÉZUÉLA

**1. Etendue, aspect et climat.** — Le **Vénézuéla** a deux fois l'étendue de la France.

Le Nord est accidenté ; le Centre et le Sud sont formées de plaines herbeuses, les *Llanos* de l'Orénoque, propres à l'élevage.

Le climat est tropical mais tempéré par l'altitude. L'année s'y divise en une saison humide en été et en une saison relativement sèche en hiver.

**2. Population, gouvernement et villes.** — Le Vénézuéla compte près de 3 millions d'habitants (2 au km²) : des *Indiens*, des *Créoles* et surtout des *Métis*. La langue espagnole et le catholicisme y dominent.

Ancienne colonie espagnole libérée par Bolivar, au début du XIXe siècle, le Vénézuéla forme une République fédérale, organisée à peu près comme aux États-Unis.

**Caracas** (95.000 h.), la capitale fédérale, et **Valencia**, sont situées dans la région montagneuse. Une voie ferrée les unit entre elles et au port de la **Guaira**.

**Maracaïbo**, sur le détroit qui unit le Lac et le Golfe de même nom, est le principal port de la République.

**Bolivar**, sur l'Orénoque, est la plus importante ville des Llanos.

**3. L'état économique** est assez précaire à cause du manque de bras et de capitaux, et des troubles politiques trop fréquents.

Cependant les cultures du *cacaoyer*, de la *canne à sucre* et du *café*, ainsi que l'*élevage*, sont en progrès. Les richesses minérales sont peu exploitées.

## GUYANES

**4. Situation et divisions.** — Sous le nom de Guyanes (nom d'une tribu indienne) on désigne une vaste contrée formant une sorte d'île entourée par l'Atlantique, l'Orénoque, le Cassiquiaré, le Rio Négro et l'Amazone.

Politiquement, on les divise en cinq : la *Guyane vénézuélienne* à l'Ouest, la *Guyane brésilienne* au Sud et à l'Est, et les trois *Guyanes européennes* au Centre et au Nord.

**5. Aspect, climat et productions.** — Les Guyanes européennes sont formées d'une série de terrasses s'élevant graduellement de l'Atlantique jusqu'aux **Monts Tumuc-Humac** qui les limitent au Sud.

Le **climat**, chaud, humide et malsain sur la côte, devient de plus en plus tempéré et sain à mesure qu'on s'élève en s'éloignant du littoral.

On extrait de l'*or* des Monts Tumuc-Humac ; les forêts de la région centrale sont riches en *bois précieux* et en *caoutchouc*, mais peu exploitées ; dans les plaines littorales, on cultive un peu de *canne à sucre*, de *cacao* et de *thé*.

**6. Population et divisions des Guyanes européennes.** — Les Guyanes européennes sont peuplées d'un demi-million d'habitants (1 au km²), des Indiens, des Métis d'Espagnols, et quelques Blancs. Elles comprennent : la **Guyane anglaise**, chef-lieu *Georgetown*, à l'Ouest ; la **Guyane hollandaise**, chef-lieu *Paramaribo*, au Centre, et la **Guyane française**, chef-lieu *Cayenne*, à l'Est.

## BRÉSIL

**7. Situation, étendue et aspect.** — Le **Brésil** occupe le Centre et l'Est de l'Amérique du Sud. Sa *superficie* égale 16 fois celle de la France.

Il est formé de deux plateaux séparés par la *Plaine*

*de l'Amazone :* le *Plateau des Guyanes*, au Nord, et le *Plateau du Brésil*, au Sud.

Ces plateaux, d'origine ancienne, ont été transformés, par une érosion puissante, en terrasses granitiques de 300 à 600 mètres d'altitude.

L'immense Plaine de l'Amazone égale la moitié du Brésil. Elle est formée de dépôts d'alluvions d'une horizontalité presque parfaite.

Les côtes du Brésil sont basses et sablonneuses, sauf du Cap Saint-Roch jusqu'au Sud de Rio de Janeiro, où les Monts du Brésil se terminent en falaises rocheuses et élevées.

**8. Climat et productions.** — **La Plaine de l'Amazone,** humide et chaude, a d'immenses forêts vierges (les *Selvas*), aux essences variées : bois d'ébénisterie et de teinture, arbres à caoutchouc.

**Le Plateau du Brésil,** tempéré par l'altitude, en chaleur et en humidité, a des savanes (les *campos*), propres à l'élevage.

**La partie méridionale** du Brésil, au Sud du Tropique du Capricorne, est encore moins chaude. Elle forme, avec le littoral partout humide et chaud, les deux régions les plus propres à l'agriculture, et les plus peuplées.

**9. Population.** — Le Brésil compte 30 millions d'habitants (3 au km²) groupés surtout dans les États du Sud et sur la côte.

Cette population comprend près d'un million d'*Indigènes* sauvages vivant à l'intérieur ; 4 millions de *Noirs*, descendant des anciens esclaves transportés d'Afrique ; 6 millions de *Blancs*, surtout des Portugais, et 19 millions de *Métis*.

Les Brésiliens sont catholiques en majorité et parlent le portugais.

**10. Colonisation et gouvernement.** — Découvert en 1500, le Brésil forma, pendant trois siècles, une colonie portugaise, puis, à partir de 1822, un Empire indépendant.

En 1889, l'Empire fit place à une République fédérative, constituée sur le modèle des États-Unis, et comprenant 20 États autonomes, et un District fédéral.

**11. Villes.** — **Rio de Janeiro** (*Rivière de Janvier*) (1.160.000 h.) est la capitale fédérale et un port d'exportation à l'entrée d'une baie magnifique.

**São Paulo** (*Saint-Paul*) (580.000 h.), sur un plateau accidenté de l'intérieur, et au centre d'une région de caféiers, est uni par une voie ferrée au port de *Santos*.

**Porto-Alegre** (*Port Joyeux*) (150.000 h.), s'élève, au confluent de quatre vallées dont il concentre les produits agricoles.

**Bahia** (*la Baie*) (285.000 h.), bâtie sur un promontoire qui protège la Baie de Tous les Saints, est un port très sûr et une place forte.

**Récife** (240.000 h.), capitale de l'État de Pernambouc, tire son nom d'une ligne de récifs, de 4 km. de long, distante de 200 mètres de la côte et formant une digue naturelle qui protège son port. Elle sert d'escale aux navires étrangers et d'attache à trois câbles sous-marins.

**Para ou Belem** (240.000 h.), sur la branche méridionale de l'Amazone, concentre le commerce de l'Amazonie orientale, comme **Manaos**, sur le Rio Négro, près de son confluent avec l'Amazone, celui de l'Amazonie centrale.

Phot. du Verascope Richard.

**Séchage du café** dans la Province de São Paulo. Le *caféier* est un arbrisseau de 4 à 5 mètres de hauteur dont le fruit contient deux *grains de café*. Cet arbuste exige une chaleur assez forte et se plaît surtout dans les terrains formés de la décomposition des roches volcaniques. Il a trouvé son sol de prédilection dans le sud-est du Brésil. Le caféier est en plein rapport à 5 ou 6 ans et il produit jusqu'à 25 ou 30 ans. Il donne en moyenne 2 kilos de café par an. Les planteurs brésiliens établissent leurs exploitations sur les pentes douces des collines. Ce sont, à la fois, des fermes et des usines. Ces exploitations, généralement très vastes, comprennent un millier d'ouvriers, pour la plupart Italiens La récolte a lieu de mars à septembre : les caféiers sont secoués et les baies recueillies sur des draps. Ces baies sont étendues sur le sol, au soleil, en couches minces, et souvent remuées avec des râteaux. Lorsqu'elles sont sèches, elles sont portées à l'usine, décortiquées, mises en sacs et expédiées au port voisin.

**12. Vie économique.** — Autrefois pays minier, le Brésil est aujourd'hui une **contrée agricole.**

Le *café* est la grande ressource du Brésil ; il fournit les 3/4 de la production mondiale ; c'est dans l'État de São Paulo qu'il est surtout cultivé. Bien après viennent : le ***maté*** (ou *thé du Paraguay*), cultivé surtout dans l'État de Parana ; le *cacao*. dans celui de Bahia, et le *caoutchouc*, exploité dans toute l'Amazonie.

Les *cultures alimentaires*, manioc et céréales, sont encore peu développées.

L'***élevage*** s'étend au Centre et au Sud ; il se place après celui des Indes et des Etats-Unis pour le nombre de bêtes à cornes (34 millions).

Les forêts donnent des *bois d'ébénisterie :* acajou et palissandre.

Les anciennes **mines** d'*or* et de *diamant* d'Ouro Préto et de Diamantina sont presque épuisées ; celles de ***houille*** et de ***fer***, assez abondantes, sont encore peu exploitées.

Les **industries agricoles** sont seules développées : filature et tissage du coton indigène, fabrique de sucre de canne, usines à viande ; aussi le Brésil est-il tributaire de l'étranger pour les objets manufacturés.

Ce vaste pays possède de nombreuses ***voies fluviales***, mais elles lui sont peu utiles, car elles traversent des régions presque inhabitées.

Le **commerce intérieur** emploie surtout des *voies ferrées* qui unissent les villes du littoral et pénètrent plus ou moins dans l'intérieur pour drainer les produits régionaux.

Le **commerce extérieur** est assuré par des lignes régulières de paquebots qui unissent ses grands ports à ceux de l'Amérique et de l'Europe.

Le ***Brésil importe*** surtout de la métallurgie et des produits alimentaires ; ***il exporte*** du café et du caoutchouc.

DEVOIR ÉCRIT. — 1. *Exercice 27 du Cahier de Croquis.* — 2. *Parlez des productions du Brésil.*

# 23e Leçon. — LES ÉTATS DE LA PLATA ET LE CHILI

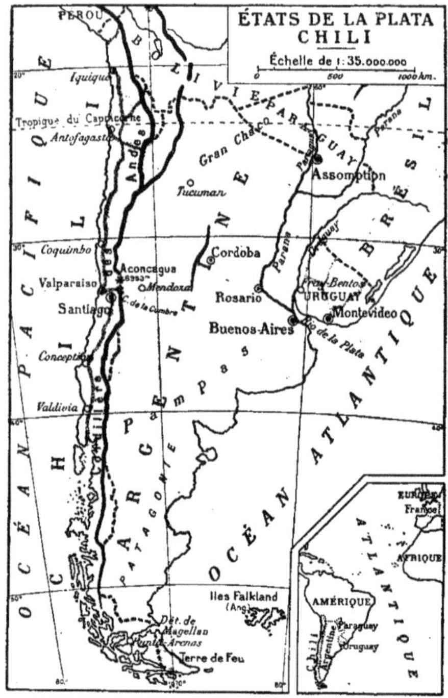


## ÉTATS DE LA PLATA

**1. Situation et aspect.** — La contrée arrosée par le *Rio de la Plata* et les cours d'eau qui le forment : Parana, Paraguay et Uruguay, se partage en trois États : le **Paraguay**, l'**Uruguay** et l'**Argentine**.

Cette contrée, en y ajoutant la partie de la Patagonie et de la Terre de Feu qui dépendent de l'Argentine, comprend tout le versant oriental des Andes, au Sud du Plateau brésilien, et se divise en trois régions naturelles :

Au Nord, les *dernières pentes du Plateau brésilien.*

Au Centre, une *immense plaine* unie comme la mer, formée d'argile imperméable, au Nord, dans le Gran Chaco, et de limon fertile, au Sud, dans les *Pampas.*

Au Sud : le *Plateau caillouteux de la Patagonie.*

**2. Climat et aptitudes végétales.** — **Au Nord, près du Tropique**, le climat est chaud. Il est très humide dans la région du Paraguay, où la *forêt* domine, et moins humide dans le Gran Chaco, où les *bois* alternent avec les *prairies.*

**Au Centre, dans les Pampas**, le climat est variable : chaud et humide en été, il est assez sec et presque froid en hiver. C'est une *région d'herbages* propre à l'élevage, mais que les cultures de céréales conquièrent peu à peu.

**Au Sud, dans la Patagonie**, les étés sont presque chauds et les hivers froids. Sauf dans les rares vallées, qui sont fertiles, les Plateaux patagoniens n'ont que des *broussailles* et des *arbustes épineux.*

**3. Colonisation et divisions.** — Les pays de la Plata appartinrent à l'Espagne depuis le milieu du XVIe siècle jusqu'au début du XIXe, où eut lieu l'émancipation générale des colonies espagnoles de l'Amérique du Sud.

Ces colonies devenues libres formèrent d'abord une République fédérative ; bientôt le *Paraguay* et l'*Uruguay* se séparèrent de l'*Argentine ;* ce partage subsiste encore.

**4. Le Paraguay** est peuplé, en majorité, d'Indiens convertis et civilisés par les Jésuites, qui y établirent les célèbres *Missions* dont ils eurent le gouvernement pendant près de deux siècles.

Séparé de l'Espagne, puis de l'Argentine, le Paraguay soutint contre ses voisins une guerre désastreuse qui se termina, en 1870, par l'amoindrissement de son territoire et la mort des 3/4 de ses habitants.

Sa *superficie* égale la moitié de celle de la France, mais il ne compte qu'un million d'habitants (4 au km²).

Sa *population* croît sensiblement, et uniquement par l'excès des naissances sur les décès, car l'immigration y est presque nulle à cause de son éloignement de la mer et de son climat trop chaud.

Le Paraguay est une *République unitaire.* La langue officielle est l'espagnol, mais l'indien est généralement parlé.

**Assomption** (100.000 h.), la capitale, est un port sur le Paraguay.

Les *ressources* forestières, agricoles et pastorales sont importantes, mais peu exploitées faute de bras.

Pour la *consommation*, on cultive le maïs, le manioc et le riz, et pour l'*exportation*, le maté et les oranges ; mais ce sont surtout les produits de l'élevage, viandes et peaux, qui occupent la première place à l'exportation.

**5. L'Uruguay** se sépara de l'Espagne, puis de l'Argentine, comme le Paraguay. Il forme une *République unitaire.*

Sa *population*, composée en majorité de Métis, s'élève à près d'un million et demi d'habitants, répartis sur un territoire égal au tiers de celui de la France (8 h. au km²).

**Montévidéo** (385.000 h.), la capitale, est un port très florissant sur une baie de la rive nord du Rio de la Plata.

**Fray-Bento** sur l'Uruguay, est une immense usine Liebig pour l'extrait de viande.

L'Uruguay pratique surtout l'*élevage* et les industries qui en dérivent.

**6. Argentine.** — Sur une *étendue* supérieure à 5 fois celle de la France, l'Argentine compte 9 millions d'habitants (3 au km²), Créoles et Métis pour la plupart.

Cette *population* augmente rapidement par l'excès des naissances sur les décès et par l'immigration d'Espagnols, de Basques et surtout d'Italiens.

L'Argentine est une *République fédérative*, comprenant 14 États autonomes, un district fédéral et une dizaine de territoires.

**Buenos Aires** (1.730.000 h.), la capitale fédérale, est bâtie en damier sur la côte sud du Rio de la Plata. Les plus gros navires peuvent accoster à ses quais de

8 km. d'étendue. C'est la plus grande place de commerce de l'Amérique du Sud.

**Rosario** (222.000 h.), sur le Parana, la seconde ville de la Fédération, se livre au commerce et aux industries agricoles. Son port peut recevoir les plus gros navires.

**Cordoba** (156.000 h.), est un grand marché agricole dans les Pampas.

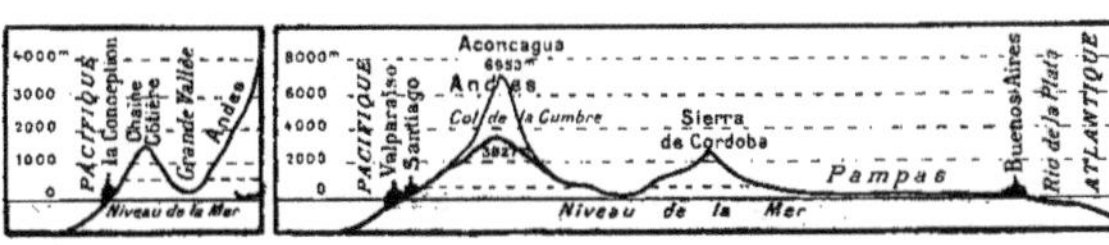

**Coupe, de l'ouest à l'est, du Relief de l'Amérique du Sud.**

**Tucuman** occupe le centre d'une riche région sucrière fertilisée par l'irrigation.

**Mendoza,** au pied des Andes, est au centre d'une région vinicole.

L'Argentine reste un *pays d'élevage* comme autrefois, mais l'*agriculture* s'y développe. Elle vient après l'Australie pour l'**élevage** du *mouton* (45 millions de têtes) et après les Indes, les États-Unis et le Brésil pour le *gros bétail* (27 millions).

**L'agriculture** fait d'énormes progrès et augmente constamment l'étendue des terres cultivées : le *blé,* le *maïs* et le *lin* occupent déjà, dans les Pampas, une superficie égale au cinquième de la France ; la *vigne* est très cultivée dans la province de Mendoza, et la *canne à sucre,* dans celle de Tucuman.

**L'industrie** dérive uniquement de l'agriculture : *minoteries, distilleries* et *sucreries,* et de l'élevage : *saladéros* et *usines à viande* de toutes sortes.

**Le commerce** dispose de la grande *voie fluviale* du Rio de la Plata et de ses tributaires, et des *voies ferrées* qui se développent tous les jours.

Les principales lignes rayonnent de la capitale vers la Bolivie, par Rosario, Cordoba et Tucuman ; vers le Chili, par Mendoza et le Transandin ; vers la Patagonie par les Pampas.

Le *commerce extérieur* est assuré par de nombreuses lignes de navigation européenne.

L'Argentine *importe* des tissus, des machines et des produits alimentaires ; elle *exporte* des céréales, des laines, des peaux, de la viande frigorifiée et du bétail sur pied.

## CHILI

**7. Situation, étendue et aspect.** — Le **Chili** occupe tout le versant occidental des Andes centrales et méridionales. Son *étendue* égale une fois et demie celle de la France.

Cette étroite bande de terre, quatre fois longue comme la France, comprend trois régions longitudinales.

1° A l'Est, la *Chaîne des Andes* qui atteint 6.953 m. au volcan de l'Aconcagua ; ses passages sont rares et difficiles : celui de la Cumbre est emprunté par le Transandin.

2° A l'Ouest, une Chaîne Côtière peu élevée qui devient insulaire au Sud.

3° Entre les deux chaînes, une dépression longitudinale appelée la Grande Vallée. (*Voir la partie gauche du croquis.*)

**8. Climat et productions.** — Par suite de sa grande étendue en latitude, le Chili se divise en trois zones principales de climat :

*a)* Le **Nord** est torride en été, glacé en hiver, et sec en tout temps. Aussi la région est un désert ; seules les *mines* lui donnent de la valeur.

*b)* Le **Centre** est chaud en été ; humide et doux en hiver. C'est une *région agricole ;* les plantes méditerranéennes prospèrent dans la Grande Vallée et sur les pentes de la Chaîne Côtière.

*c)* Le **Sud** est brumeux, humide et doux ; les *forêts* y alternent avec les *pâturages.*

**9. Population et gouvernement.** — La *population* du Chili s'élève à 4 millions d'habitants (5 au km²). Elle se compose de Créoles espagnols et de Métis d'Indiens. L'immigration européenne y est encore faible.

Colonie espagnole jusqu'au début du XIXe siècle, le Chili forme depuis cette époque une *République unitaire.* Contrairement aux autres républiques hispano-américaines, le Chili n'a presque pas eu de révolutions. Il en a profité pour se développer ; aussi, quoique l'une des plus petites des républiques latines de l'Amérique, c'est une des plus prospères.

**10. Villes.** — **Santiago** (510.000 h.), la capitale, s'élève dans la Grande Vallée centrale ; ville opulente et gaie, elle occupe de grands espaces car les jardins et les parcs y sont nombreux. Le Transandin l'unit à Buenos Aires et à son port de Valparaiso.

**Valparaiso** (180.000 h.) s'étage en amphithéâtre au bord d'une baie malheureusement trop ouverte aux vents du Nord. C'est un des ports les plus fréquentés du Pacifique.

Au Nord, dans la région sèche des mines, les villes sont uniquement des usines ou des ports : **Iquique** est le port du nitrate ; **Antofagasta,** celui du minerai d'argent ; **Coquimbo,** celui du minerai de cuivre. Au Sud, **Concepcion** et **Valdivia** sont des centres agricoles et forestiers.

**Punta Arénas** (*Pointe de Sable*), sur le Détroit de Magellan, est la cité la plus méridionale du monde ; elle a perdu de son importance par suite du percement de l'Isthme de Panama.

**11. Vie économique.** — Les produits varient avec les régions :

*a)* Le *Nord, région de mines,* exploite le salpêtre, l'argent et le cuivre. Grâce à ses mines de houille, le Chili fond ses minerais avant de les exporter.

*b)* Le *Centre, région agricole,* cultive le blé, la vigne et les arbres fruitiers. Tous ces produits sont travaillés sur place dans des usines bien outillées.

*c)* Le *Sud, région herbeuse et boisée,* fait de l'élevage et exploite ses forêts.

Le Chili n'a pas de cours d'eau navigables ; mais, étant tout en façade sur le Pacifique, le *cabotage* y est actif.

Une *voie ferrée* dessert la Grande Vallée, et deux autres lignes croisant la première unissent Valparaiso à l'Argentine par le Transandin, et Antofagasta à la Bolivie.

Le *commerce extérieur* est en outre assuré par des services réguliers de paquebots européens.

Le Chili *importe* des tissus et des machines ; il *exporte* du nitrate, de l'argent, du cuivre, du blé et des peaux.

**DEVOIR ÉCRIT.** — 1. *Exercice 28 du Cahier de Croquis.* — 2. *Parlez de l'aspect, du climat et des productions des États de la Plata et du Chili.*

# 24e Leçon. — LES ÉTATS ANDINS DU NORD ET DU CENTRE

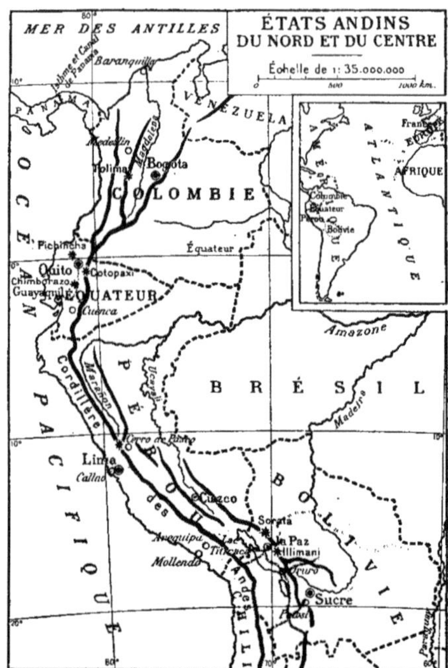


**1. Situation, aspect et climat.** — La **Colombie**, l'**Équateur**, le **Pérou** et la **Bolivie** occupent les Andes septentrionales et centrales.

Le relief et le climat divisent ces pays en quatre régions naturelles.

*a*) La **côte du Pacifique** est étroite et abrupte, chaude, sèche et nue.

*b*) La **double chaîne des Andes** est coupée de quelques vallées fertiles, et dominée par de hauts pics volcaniques aux flancs neigeux : le *Tolima*, en Colombie ; le *Pichincha*, le *Cotopaxi* et le *Chimborazo*, en Équateur ; le *Sorata* et l'*Illimani*, en Bolivie.

*c*) Les **Plateaux**, encadrés par la double chaîne et séparés par des chaînons transversaux, ont une altitude moyenne de 4.000 m. : *les plus bas* sont tempérés, fertiles et peuplés ; tels sont ceux de Bogota, de Quito, de Cuzco et de La Paz ; ils sont riches en mines d'or et d'argent ; *les plus élevés* sont froids, rocailleux et nus.

*d*) Le **versant oriental**, et la **côte colombienne** sur l'Atlantique, sont chauds, humides et boisés.

**2. Colonisation et races.** — A l'arrivée des Espagnols, le Pérou était le centre du vaste *Empire des Incas*, ayant Cuzco pour capitale ; il s'étendait sur toutes les régions andines.

La civilisation des anciens Péruviens est attestée par des temples, des palais, des forteresses, des routes et des canaux d'irrigation, dont les restes parsèment la contrée.

Cet empire, détruit par Pizarre au commencement du XVIe siècle, forma la vice-royauté du Pérou, si célèbre par les richesses en or et en argent qu'elle fournit aux Espagnols, qui rançonnèrent le pays plutôt qu'ils ne le colonisèrent, sacrifiant l'exploitation agricole à celle des mines.

Dans le premier quart du XIXe siècle, ces contrées, sous la conduite de Bolivar, conquirent leur indépendance. Après divers essais de groupement, elles formèrent les États de la *Colombie*, de l'*Equateur*, du *Pérou* et de la *Bolivie*.

Ces quatre États sont des ***Républiques unitaires*** gouvernées par un Président et deux chambres électives.

Leur **population**, de langue espagnole et de religion catholique, est formée de Créoles espagnols, d'Indiens et de Métis.

Le manque de bras et les trop fréquentes révolutions ont considérablement retardé leur développement économique.

**3. La Colombie** est ainsi appelée en l'honneur de Christophe Colomb qui aurait dû donner son nom à tout le Nouveau Monde. Elle est deux fois grande comme la France et peuplée de 6 millions d'habitants. (5 au km²).

**Bogota** (160.000 h.), la capitale, et **Medellin** s'élèvent sur un plateau fertile.

**Baranquilla**, près de l'embouchure de la Magdalena, est le principal entrepôt de la Colombie.

**L'agriculture** et **l'élevage** fournissent à peine de quoi nourrir la population. Cependant le pays occupe la seconde place dans le monde pour la culture du ***café*** (après le Brésil) et pour la production du ***platine*** (après la Russie).

Il y a peu de rivières navigables et de voies ferrées

**4. L'Équateur** doit son nom à sa situation sous l'Équateur. Sa superficie égale les 3/4 de celle de la France, et sa population est de 2 millions et demi d'habitants (7 au km²).

**Quito** (80.000 h.), la capitale, est située sur un haut plateau fertile et tempéré, malheureusement trop souvent secoué par des tremblements de terre.

**Guayaquil** (100.000 h.), au fond de la baie de même nom, est le principal port de l'Équateur.

**Cuenca** fabrique les *chapeaux de Panama*, ainsi nommés parce qu'ils nous viennent par ce port.

L'Équateur **exporte** du cacao, de l'or et de l'argent ; il **importe** des tissus et des denrées alimentaires.

**5. Le Pérou** a une superficie égale à 2 fois celle de la France. Sa population est de 4 millions 1/2 d'habitants (2 au km²).

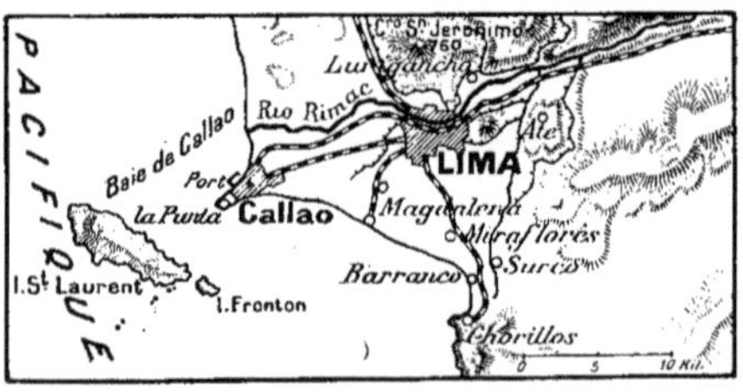


Lima et ses environs.

**Lima,** la capitale (176.000 h.), fut fondée par Pizarre dans une vallée délicieuse, à 10 km. de la mer.

**Callao,** le principal port du Pérou, est uni, par une voie ferrée, à Lima et à **Cerro de Pasco,** centre agricole et minier sur les Plateaux.

**Cuzco,** l'ancienne capitale des Incas, est bâtie sur un haut plateau fertile et tempéré. Une voie ferrée l'unit à **Mollendo,** sur la côte, par le Lac Titicaca et Aréquipa.

Le Pérou **exporte** du sucre de canne, de l'alpaga, de l'argent et du cuivre ; il **importe** des objets manufacturés.

6. **La Bolivie** doit son nom à Bolivar, le libérateur de l'Amérique du Sud. Sa superficie égale 2 fois celle de la France, mais sa population atteint à peine 3 millions d'habitants (2 au km²).

**La Paz** (110.000 h.), la capitale, est située près du Lac Titicaca ; des voies ferrées l'unissent à la côte et à Cuzco ; dans les environs on exploite des mines d'or et de cuivre, et on cultive le maïs.

**Sucre,** l'ancienne capitale, doit son nom au premier Président de la République bolivienne.

**Potosi,** la ville la plus élevée du Globe, à 4.000 mètres d'altitude, est célèbre par ses mines d'argent, autrefois les plus productives du monde.

**Oruro** remplace aujourd'hui Potosi comme centre des mines d'argent.

La Bolivie **exporte** de l'argent ; elle **importe** des denrées alimentaires.

**DEVOIR ÉCRIT.** — 1. *Exercice 29 du Cahier de Croquis.* — 2. *Nommez la capitale, les ports et les productions de la Colombie, de l'Equateur, du Pérou et de la Bolivie.*

## SUPPLÉMENT D'ILLUSTRATION POUR L'OCÉANIE

1. — **Populations océaniennes.** — A gauche, des *Mélanésiens* des Iles Salomon. Ce sont des Noirs au teint peu foncé, à la taille élevée, aux cheveux frisés, au nez droit, long et retroussé, aux pommettes saillantes. — A droite, des *Polynésiens* des Iles Taïti, à la peau brunâtre, presque blanche, à la taille élevée, à la tête ronde, aux cheveux ondulés et au nez droit. Ils portent des pagnes aux dessins multicolores, et ils aiment à se couvrir de fleurs. Remarquez les fruits qu'un des Taïtiens porte sur son épaule.

2. — **Flore et faune spéciales à l'Australie.** — L'*eucalyptus* est originaire de l'Australie ; il croit dans les régions assez sèches ; mais, planté dans les lieux humides et chauds, il pousse rapidement et assainit les lieux par la grande quantité d'eau qu'il absorbe. — L'*arbre à bouteille* a une douzaine de mètres de hauteur ; dans sa tige renflée et spongieuse, il accumule de l'eau pour les temps de sécheresse. — Le *spinifex*, appelé herbe porc-épic, couvre de grands espaces de ses tiges rigides à pointe aiguës.

Phot. communiquée par la Soc. de Géog. de Paris.

3. — **Un aspect de la Nouvelle-Zélande** pris dans le sud de l'Ile méridionale. Au premier plan, Queenstown, type de cité anglaise, étale ses maisons basses dans la verdure, au bord du lac Wakatipu. Au fond, les Alpes Néo-Zélandaises avec leurs sommets couverts de neige.

Phot. communiquée par la Soc. de Géog. de Paris.

4. — **Un parc à moutons de la Nouvelle-Zélande.** — Cette contrée élève beaucoup de moutons, car elle n'a pas à craindre la sécheresse comme l'Australie, aussi son troupeau augmente chaque année, et il fournit, en laine et en viande, le principal produit pour ses exportations.

# 25e Leçon. — L'OCÉANIE

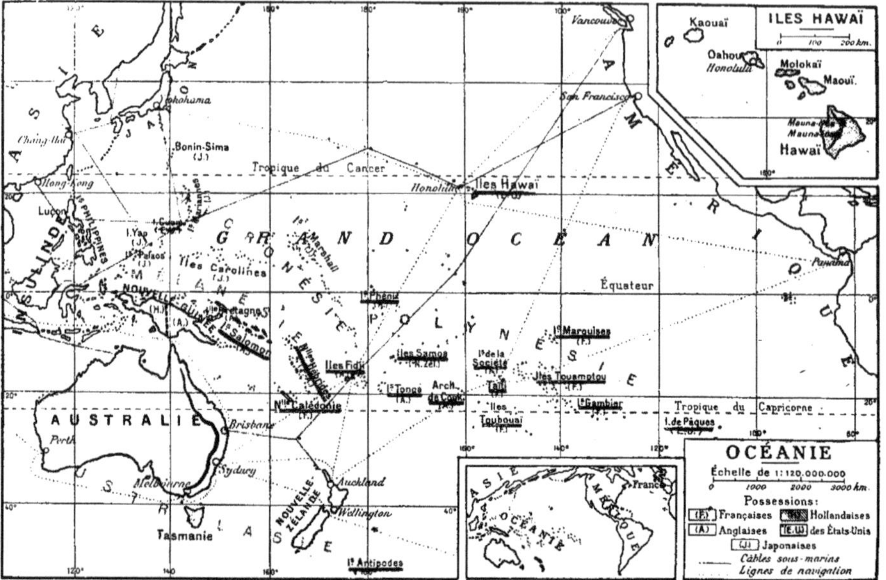


**1. Situation et étendue.** — L'Océanie est l'ensemble des terres de l'Océan Pacifique. On en excepte les îles voisines de l'Amérique et de l'Asie ; ainsi le Japon et l'Insulinde dépendent de l'Asie. L'ensemble des terres de l'Océanie égale 17 fois la superficie de la France.

**2. Divisions.** — L'Océanie comprend quatre grandes divisions naturelles :

A l'Ouest, l'**Australasie**, c'est-à-dire l'Asie Australe, comprenant l'*Australie*, la *Tasmanie* et la *Nouvelle-Zélande*.

Au Centre : la **Mélanésie**, c'est-à-dire les *îles des Noirs*. Les principales sont : la *Nouvelle-Guinée*, la *Nouvelle-Bretagne*, les *Iles Salomon*, les *Nouvelles-Hébrides*, la *Nouvelle-Calédonie* et les *Iles Fidji*.

Au Nord : la **Micronésie**, c'est-à-dire les *petites îles*, comprenant les *Iles Palaos*, *Carolines*, *Mariannes*, *Bonin-Sima* et *Marshall*.

A l'Est : la **Polynésie**, c'est-à-dire les *nombreuses îles*, comprenant tous les petits archipels disséminés dans la partie orientale du Pacifique. Les principaux sont les *Iles Tonga*, *Cook*, *Samoa*, *Phénix*, *Hawaï*, *Marquises*, *de la Société*, *Touamoutou*, *Gambier*, *Toubouaï* et l'*Ile de Pâques*.

**3. Nature des îles océaniennes.** — Les Terres océaniennes sont continentales, volcaniques ou coralliennes.

1° Les **terres continentales** occupent le Sud-Ouest : Australie, Nouvelle-Zélande, Nouvelle-Calédonie et Nouvelle-Guinée ; ce sont les restes d'un ancien continent submergé.

2° Les **terres volcaniques** sont montagneuses ; elles dominent en Mélanésie et dans les grands Archipels Polynésiens.

3° Les **terres coralliennes** sont basses ; elles forment presque toute la Micronésie et la plupart des petites Iles Polynésiennes.

Ces îles doivent leur origine aux *coraux*. Ce sont des organismes très petits qui se reproduisent rapidement ; ils vivent dans les eaux salées et chaudes d'au moins 20° ; ils secrètent une sorte de calcaire, le corail. Avec les siècles, leurs constructions s'élèvent et atteignent la surface des eaux ; les vents et les vagues y amassent des débris ; un îlot se forme. Lorsque ces îles affectent la forme d'une couronne circulaire avec un bassin central, on leur donne le nom d'*atolls*, et la lagune intérieure porte celui de *lagon*. *(Voir 2e image.)*

**4. Orientation des terres océaniennes.** — Les terres océaniennes ne sont pas disséminées au hasard. Les grandes terres continentales décrivent autour de l'Australie une courbe concentrique, et toutes les autres îles sont orientées Nord-Ouest Sud-Est.

**5. Climat et aptitudes végétales.** — L'*Australie méridionale*, la *Tasmanie* et la *Nouvelle-Zélande* sont en dehors de la zone tropicale ; leur climat tempéré, généralement peu humide, convient aux cultures et aux herbages.

Le *Centre et l'Ouest de l'Australie* sont secs et déserts. Le *Nord de l'Australie et les autres îles océaniennes* ont un climat tropical, tempéré par les brises marines.

1. — **Ile volcanique et montagneuse de l'Océanie.** — Sa base est entourée d'une ceinture de cocotiers. Mais, tandis que le versant oriental, exposé aux alizés, est humide et couvert de forêts, le versant occidental, abrité des vents, est plus sec et ne porte que des herbages parsemés de quelques arbres.

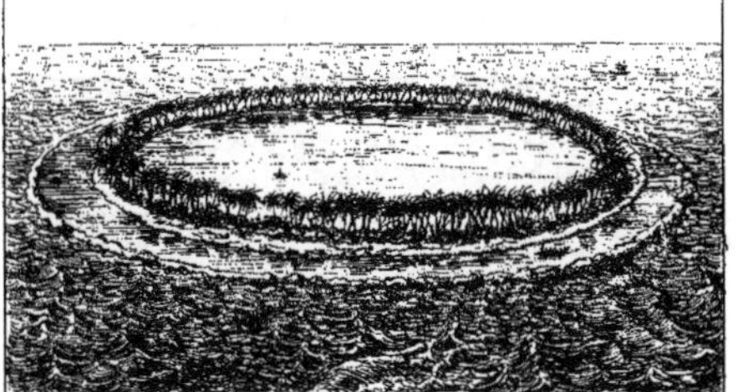

2. — **Atoll des Iles Touamoutou.** — C'est un îlot annulaire, construit par les coraux et couvert de cocotiers. Il renferme une lagune d'eaux peu profondes (le lagon), et s'entoure d'une ceinture de récifs coralliens circonscrivant une zone d'eaux calmes où les naturels peuvent voyager en pirogue.

Dans les *îles montagneuses*, les versants de l'Est, étant exposés à des vents constants, les alizés, ont des pluies abondantes et régulières, et sont couverts de *forêts ;* les versants de l'Ouest, au contraire, étant beaucoup moins humides, n'ont que des *savanes*. Les *îles basses* de la Micronésie et de la Polynésie sont peu humides ; elles conviennent aux *cocotiers*. (*Voir* 1re *et* 2e *images.*)

**6. Population et races.** — L'Océanie est peuplée de 7 millions d'habitants : 6 millions de *Blancs* d'origine européenne, et un million d'*Indigènes* appartenant à deux races : les Mélanésiens et les Polynésiens. (*Voir p.* 47, 1re *image.*)

Les *Mélanésiens* sont des Noirs ; ils occupent l'intérieur des grandes îles occidentales ; les missionnaires en ont christianisé et civilisé un bon nombre.

Les *Polynésiens* forment une race à part, presque blanche ; ils sont aimables et intelligents, mais indolents ; ils ont adopté la religion et la civilisation chrétiennes.

**7. Découverte et colonisation.** — La découverte de l'Océanie commença au XVIe siècle, avec Magellan, qui le premier fit le tour du monde. Elle se poursuivit par divers explorateurs qui prirent possession des îles découvertes, au nom de leur gouvernement. Ainsi toutes les terres océaniennes appartiennent à des étrangers, surtout à l'Angleterre, à la France, aux États-Unis et à la Hollande.

**8. L'Angleterre** possède toute l'Australasie (*Australie, Tasmanie, Nouvelle-Zélande*), la moitié orientale de la *Nouvelle-Guinée*, la *Nouvelle-Bretagne*, les *Iles Salomon, Fidji, Tonga, Cook* et *Phénix*.

**9. La France** possède la *Nouvelle-Calédonie*, presque toute la Polynésie orientale (*Iles Marquises, de la Société* avec *Taïti* la plus grande, *Touamoutou, Gambier, Toubouaï*), et elle partage avec l'Angleterre la possession des *Nouvelles-Hébrides* (condominium).

**10. Les États-Unis** occupent *Hawaï ;* l'*Ile Guam*, une des *Mariannes*, où atterrit le câble de San Francisco à Luçon ; l'*Ile Yap*, une des *Palaos ;* l'île volcanique de *Pâques* récemment vendue par le Chili et connue par les statues colossales que les Polynésiens y ont taillé dans le basalte.

Les **Iles Hawaï** ont deux fois l'étendue de la Corse ; elles sont volcaniques et montagneuses. *Hawaï*, la plus grande, renferme les deux plus hauts sommets des terres océaniennes : ce sont les volcans Mauna-Kéa (4.208 m.), et Mauna-Loa (4.168 m.), qui vomit constamment des laves.

Ces îles ont un climat doux et humide ; elles sont très fertiles ; on y cultive surtout la canne à sucre. Elles comptent 80.000 Polynésiens, autant de Blancs et 120.000 Jaunes, principalement des Japonais.

*Honolulu* (85.000 h.), la capitale, est l'escale obligée du Pacifique Nord ; six lignes de paquebots viennent s'y croiser. (*Voir* 3e *image.*)

**11. Le Japon** a pris possession des archipels micronésiens qui appartenaient à l'Allemagne avant la Grande Guerre. Ce sont les *Mariannes*, les *Palaos*, les *Carolines* et les *Marshall*. La noix de coco est le principal produit de ces archipels. Les Iles *Bonin-Sima* appartiennent aussi au Japon.

**12. Les Hollandais** possèdent la moitié occidentale de la *Nouvelle-Guinée*. Cette île, la plus grande du Globe après le Groenland, a une superficie égale à une fois et demie celle de la France ; elle est montagneuse et coupée de vallées profondes ; ses côtes sont déchiquetées et frangées d'îles. Elle est encore peu connue.

**DEVOIR ÉCRIT.** — 1. *Exercice* 30 *du Cahier de Croquis.* — 2. *Nommez, en suivant l'ordre des divisions naturelles, les Iles océaniennes et la Puissance à laquelle elles appartiennent.*

Phot. communiquée par la Soc. de Géog. de Paris.

3. — **Honolulu**, la capitale et le principal port des Iles Hawaï, s'étale au milieu de la verdure dans une étroite plaine littorale bordée de hautes montagnes.

# 26e Leçon. — L'AUSTRALIE ET LA NOUVELLE-ZÉLANDE

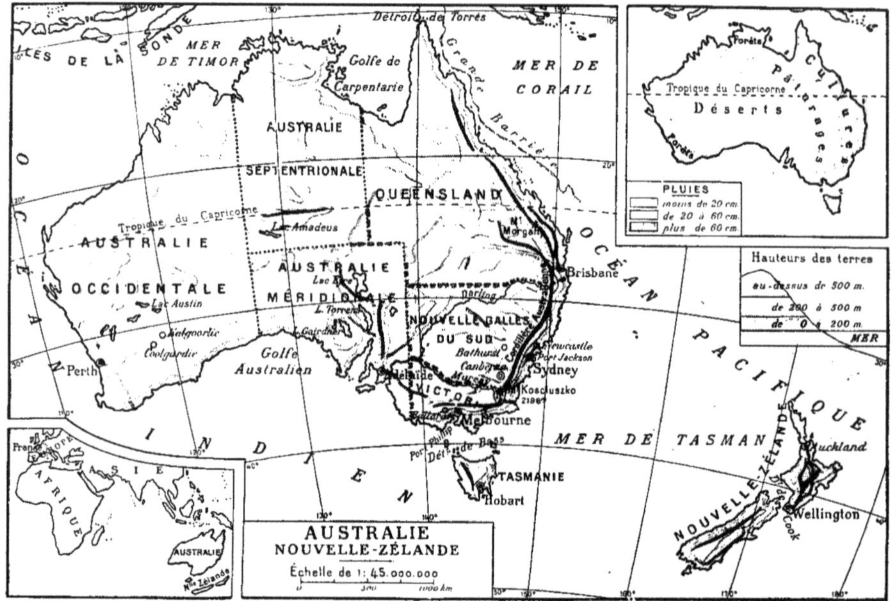


## AUSTRALIE

**1. Forme et étendue.** — **L'Australie** est de forme massive comme l'Afrique et l'Amérique du Sud. Sa *superficie* égale 15 fois celle de la France.

**2. Relief.** — L'Australie est un immense *plateau* de 400 à 500 mètres d'altitude, divisé par une *dépression* allant du Nord au Sud.

Le **Plateau oriental** est bordé, à l'est, par la **Cordillère australienne**, vieille montagne fort usée, dont l'altitude n'atteint que 2.196 mètres au *Mont Kosciuszko.*

Le **Plateau occidental** est à peine bossué de quelques monts déchiquetés.

La **dépression** nord-sud unit le Golfe de Carpentarie au Golfe Australien.

**3. Les côtes australiennes**, terminant un plateau montagneux, sont élevées et rocheuses, sauf dans le Golfe de Carpentarie et dans le Golfe Australien où elles sont basses et sablonneuses.

Les côtes du Nord-Est sont longées par la *Grande Barrière*, récifs de coraux de 2.400 km. de longueur sur 150 de largeur. Droites à l'Ouest, ces côtes sont découpées à l'Est de baies profondes et sûres, sur lesquelles se sont établies les principales villes : les *Baies de Port-Philipp* avec Melbourne, et de *Port Jackson* avec Sydney.

La **Tasmanie** est une île montagneuse détachée de la cordillère australienne.

**4. Climat.** — Le relief et la direction générale des vents Est-Ouest divisent l'Australie en deux zones climatériques concentriques. Le *Centre* et l'*Ouest* sont secs, et ont des écarts énormes de température.

Tout le *rebord montagneux* du Nord, de l'Est et du Sud, exposé aux vents alizés, est assez humide ; sa température est tropicale au Nord et tempérée au Sud.

**5. Hydrographie.** — L'Australie ayant peu de pluies, ses rivières sont peu abondantes, beaucoup sont temporaires, et la plupart très courtes, car elles drainent le versant extérieur, très étroit, du bourrelet montagneux.

Le **Murray** grossi du *Darling* fait seul exception. Il descend du versant intérieur et draine un bassin deux fois grand comme la France, mais son débit égale à peine celui de la Seine.

Les rares pluies de l'intérieur se perdent dans des lacs temporaires : *Gairdner, Torrens* et *Eyre*, de la Dépression centrale ; *Amadéus* et *Austin*, du Plateau occidental.

**6. Ressources.** — La **flore** australienne varie avec les régions climatériques : des forêts de *palmiers* et de *fougères arborescentes* dans la région tropicale du Nord et du Nord-Est ; des forêts clairsemées d'*eucalyptus* à l'Est, au Sud-Est et au Sud-Ouest ; le *scrub*, de la région désertique du centre, formé d'herbes rudes à pointes aiguës, et parsemé d'*arbres bouteilles* au tronc renflé. (*Voir* p. 47, 2e *image.*)

Les principales **cultures** ont été importées : au Nord-Ouest, la *canne à sucre* et le *coton ;* au Sud-Est, les *céréales* et **la** *vigne.* Le bassin moyen et supérieur du Murray étant peu arrosé ne produit que des herbages propres à l'élevage.

La **faune** indigène est pauvre mais originale : les gros mammifères y sont inconnus. On y trouve des marsupiaux ou mammifères pourvus d'une poche abdominale comme le *kangourou ;* des monotrèmes ou mammifères ovipares comme l'*ornithorhynque* à bec de canard, et l'*échidné*, sorte de hérisson ; des oiseaux aux riches couleurs comme le *cacatoès.*

Les Européens y ont introduit le *cheval*, le *bœuf*, le *mouton*, et le *lapin* qui y est devenu un fléau.

Le **sous-sol** australien est riche en *or* et en *houille.*

**7. Découverte et colonisation.** — Reconnue par les Hollandais au XVIIe siècle, l'Australie ne commença à être occupée, qu'en 1788, par les Anglais qui y établirent une colonie pénitentiaire.

La colonisation australienne ne prospéra qu'à partir de 1850, lorsque les mines d'or y furent découvertes et que la déportation prit fin.

**8. La population australienne** s'élève à 6 millions d'habitants (0,7 au km²). Elle comprend des Indigènes et des Blancs. Les **Indigènes** sont des nègres restés sauvages : ils n'ont pris aux Blancs que l'alcoolisme et la petite vérole qui les tue ; leur nombre diminue rapidement ; ils sont à peine 20.000 de 200.000 qu'ils étaient à l'arrivée des Anglais ; ils habitent les déserts du Centre et de l'Ouest. Les Indigènes de la Tasmanie ont complètement disparu.

Les **Blancs** sont des Anglais pour la plupart. Ils augmentent par l'excès des naissances sur les décès et par l'immigration ; ils parlent anglais et sont en majorité protestants ; il y a un million de catholiques d'origine irlandaise. Ils peuplent surtout les côtes du Sud-Est, et sont rassemblés en majorité dans les villes. Dans aucun autre pays la population urbaine n'est aussi développée.

**9. Gouvernement.** — Depuis 1901, l'Australie forme, en y comprenant la Tasmanie, une **République fédérative** de 7 États autonomes. Le gouvernement fédéral est organisé à peu près comme aux États-Unis, mais le Président est désigné par l'Angleterre.

La capitale fédérale sera Canberra dans une vallée du Kosciuszko ; elle est en construction ; en attendant son achèvement, le gouvernement fédéral réside à Melbourne.

**10. États et Villes.** — 1° **La Nouvelle Galles du Sud** est la plus ancienne colonie australienne et l'État le plus peuplé (2.100.000 h.). *Sydney*, sa capitale (910.000 h.), est bâtie sur la magnifique baie de Port Jackson. *Newcastle* est la cité du charbon.

2° **Victoria** est le plus petit des États australiens. *Melbourne*, sa capitale (800.000 h.), s'élève au fond de la baie de Port Philipp.

3° **Le Queensland** a pour capitale le port de *Brisbane.*

4° **L'Australie méridionale**, capitale *Adélaïde.*

5° **L'Australie occidentale**, capitale *Perth.*

6° **La Tasmanie**, capitale *Hobart.*

7° **L'Australie septentrionale.**

**11. Vie économique.** — 1° **L'agriculture** s'étend de jour en jour, mais elle ne sera jamais la grande richesse du pays, car le climat est trop sec, surtout à l'intérieur.

Au Sud-Est, on cultive les *céréales*, la *vigne* et les *arbres fruitiers ;* au Nord-Est la *canne à sucre* et le *coton.*

Les *forêts* du Nord donnent du caoutchouc, et celles du Sud, de l'eucalyptus.

2° **L'élevage** est la grande ressource de l'Australie : les prairies des côtes du Sud-Est nourrissent 12 millions de *bêtes à cornes ;* dans les pâturages secs du bassin moyen et supérieur du Murray paissent 80 à 90 millions de *moutons.*

Le grand ennemi des éleveurs est la sécheresse qui leur fait perdre parfois des millions de bêtes. Pour remédier à ce danger, on creuse des puits, et on fait des barrages pour retenir les eaux.

3° **Les mines** forment la seconde richesse de l'Australie.

L'*or* est exploité au Mont Morgan, à Bathurst et à Ballarat, à l'Est ; à Coolgardie et à Kalgoorlie, à l'Ouest.

La *houille* est très abondante aux environs de Newcastle qui en est le port d'exportation.

4° **Le commerce extérieur** est considérable et se fait surtout avec l'Angleterre. Il *exporte* des laines, des viandes et des peaux, du blé, de l'or et du cuivre ; il *importe* des objets manufacturés.

5° **Les voies ferrées** sont les seuls moyens de transport à l'intérieur puisqu'il n'y a ni routes ni voies navigables.

6° **Les ports** australiens sont desservis par le cabotage, et reliés à l'Europe par des services réguliers de paquebots.

7° Des **lignes télégraphiques** réunissent l'Australie à l'Europe.

## NOUVELLE-ZÉLANDE

**12. Situation et étendue.** — La Nouvelle-Zélande est située au Sud-Est de l'Australie. Elle comprend deux îles dont l'étendue totale égale la moitié de celle de la France.

**13. Aspect et climat.** — Les Iles de la Nouvelle-Zélande sont montagneuses et volcaniques ; leur climat est tempéré et salubre ; les pluies sont très abondantes à l'Est et suffisantes à l'Ouest. (*Voir p. 47, 3e image.*)

**14. Découverte et Colonisation.** — La Nouvelle-Zélande fut découverte par les Hollandais, au XVIIe siècle, et occupée par les Anglais à partir de 1840.

Elle est peuplée de 50.000 Indigènes de race polynésienne qu'on a cantonnés vers le Nord, et de 1.200.000 Anglais dont le nombre augmente, comme en Australie, par l'excédent des naissances sur les décès et par l'immigration.

**15. Gouvernement et Villes.** — La Nouvelle-Zélande est une *république unitaire* dont le Président est désigné par l'Angleterre.

**Wellington** (110.000 h.) est la capitale, sur la rive nord du Détroit de Cook ; **Auckland** (170.000 h.), un port dans l'Ile du Nord.

**16. Vie économique.** — **L'agriculture** et l'élevage sont les richesses du pays. On cultive l'*avoine*, le *blé* et le *phormium tenax* ou lin de la Nouvelle-Zélande.

L'élevage, qui n'a pas à craindre la sécheresse comme en Australie, progresse rapidement : 3 millions de *bêtes à cornes* et 23 millions de *moutons* fournissent beaucoup de laine et de viande frigorifiée pour l'exportation. (*Voir p. 47, 4e image.*)

L'or et la houille constituent un autre produit d'**exportation.**

**L'importation** comprend surtout des *produits manufacturés.*

La Nouvelle-Zélande est unie à l'Europe et à l'Amérique par des services réguliers. Un câble sous-marin unit Wellington à Sydney.

DEVOIR ÉCRIT. — 1. *Exercice 31 du Cahier de Croquis.* — 2. *Parlez du climat et des productions végétales et animales de l'Australie et de la Nouvelle-Zélande.*

*Les dessins de ce Manuel sont dus à M. Maurice Dessertenne, et les cartes, à MM. Besson et Paillard.*

*Les clichés ont été exécutés par la Photogravure Mauge.*

*La composition typographique est sortie de l'Imprimerie des Orphelins-Apprentis d'Auteuil, et le tirage, des presses de l'Institut Cartographique de Paris.*

*La reliure est de la Maison L. Audevard.*

*A tous ceux qui ont collaboré à ce Manuel, les Auteurs et les Éditeurs sont heureux d'exprimer ici toute leur gratitude.*

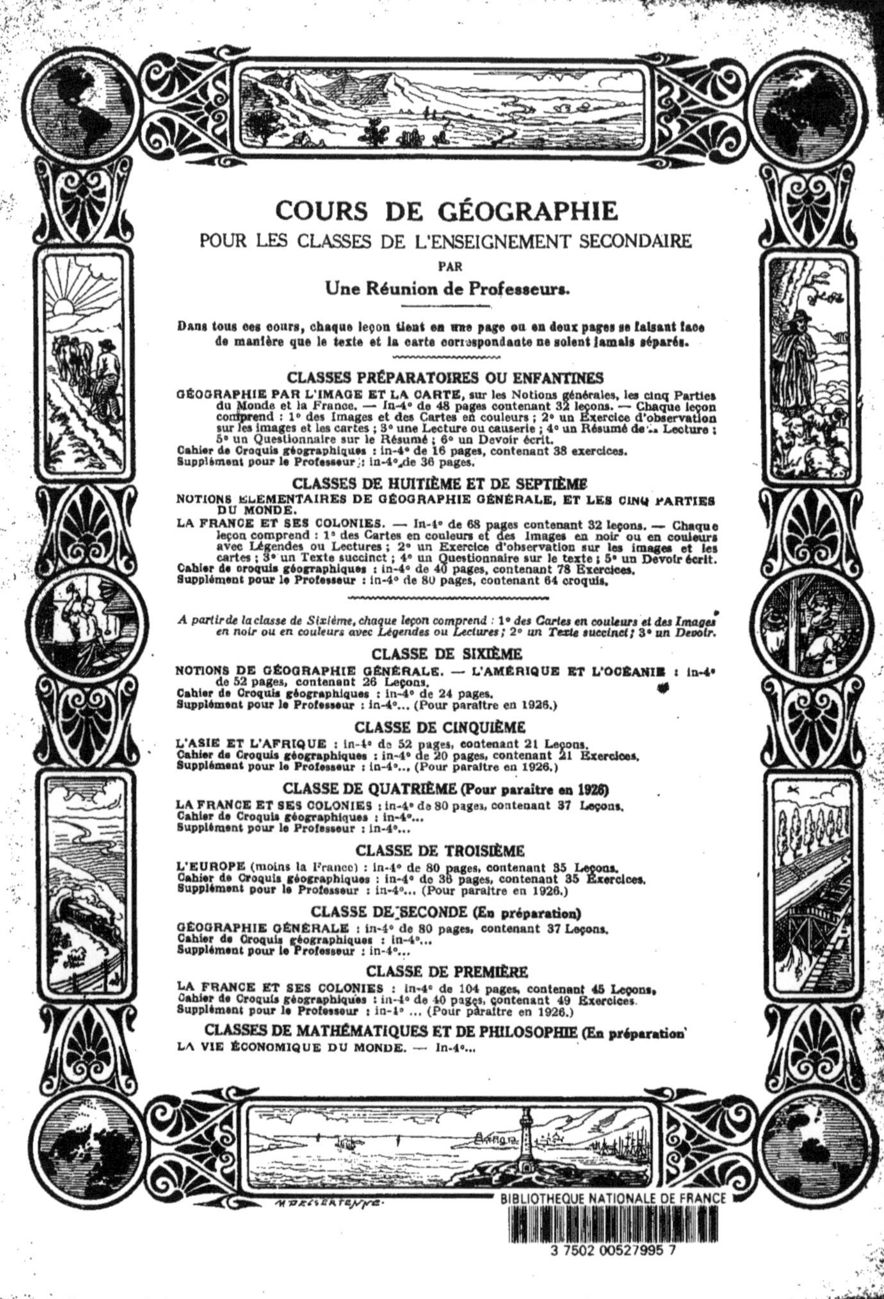

# COURS DE GÉOGRAPHIE

POUR LES CLASSES DE L'ENSEIGNEMENT SECONDAIRE

PAR

**Une Réunion de Professeurs.**

**Dans tous ces cours, chaque leçon tient en une page ou en deux pages se faisant face de manière que le texte et la carte correspondante ne soient jamais séparés.**

## CLASSES PRÉPARATOIRES OU ENFANTINES

**GÉOGRAPHIE PAR L'IMAGE ET LA CARTE,** sur les Notions générales, les cinq Parties du Monde et la France. — In-4° de 48 pages contenant 32 leçons. — Chaque leçon comprend : 1° des Images et des Cartes en couleurs ; 2° un Exercice d'observation sur les images et les cartes ; 3° une Lecture ou causerie ; 4° un Résumé de la Lecture ; 5° un Questionnaire sur le Résumé ; 6° un Devoir écrit.
**Cahier de Croquis géographiques** : in-4° de 16 pages, contenant 38 exercices.
**Supplément pour le Professeur** : in-4° de 36 pages.

## CLASSES DE HUITIÈME ET DE SEPTIÈME

**NOTIONS ÉLÉMENTAIRES DE GÉOGRAPHIE GÉNÉRALE, ET LES CINQ PARTIES DU MONDE.**
**LA FRANCE ET SES COLONIES.** — In-4° de 68 pages contenant 32 leçons. — Chaque leçon comprend : 1° des Cartes en couleurs et des Images en noir ou en couleurs avec Légendes ou Lectures ; 2° un Exercice d'observation sur les images et les cartes ; 3° un Texte succinct ; 4° un Questionnaire sur le texte ; 5° un Devoir écrit.
**Cahier de croquis géographiques** : in-4° de 40 pages, contenant 78 Exercices.
**Supplément pour le Professeur** : in-4° de 80 pages, contenant 64 croquis.

*A partir de la classe de Sixième, chaque leçon comprend : 1° des Cartes en couleurs et des Images en noir ou en couleurs avec Légendes ou Lectures ; 2° un Texte succinct ; 3° un Devoir.*

## CLASSE DE SIXIÈME

**NOTIONS DE GÉOGRAPHIE GÉNÉRALE. — L'AMÉRIQUE ET L'OCÉANIE** : in-4° de 52 pages, contenant 26 Leçons.
**Cahier de Croquis géographiques** : in-4° de 24 pages.
**Supplément pour le Professeur** : in-4°... (Pour paraître en 1926.)

## CLASSE DE CINQUIÈME

**L'ASIE ET L'AFRIQUE** : in-4° de 52 pages, contenant 21 Leçons.
**Cahier de Croquis géographiques** : in-4° de 20 pages, contenant 21 Exercices.
**Supplément pour le Professeur** : in-4°... (Pour paraître en 1926.)

## CLASSE DE QUATRIÈME (Pour paraître en 1926)

**LA FRANCE ET SES COLONIES** : in-4° de 80 pages, contenant 37 Leçons.
**Cahier de Croquis géographiques** : in-4°...
**Supplément pour le Professeur** : in-4°...

## CLASSE DE TROISIÈME

**L'EUROPE** (moins la France) : in-4° de 80 pages, contenant 35 Leçons.
**Cahier de Croquis géographiques** : in-4° de 38 pages, contenant 35 Exercices.
**Supplément pour le Professeur** : in-4°... (Pour paraître en 1926.)

## CLASSE DE SECONDE (En préparation)

**GÉOGRAPHIE GÉNÉRALE** : in-4° de 80 pages, contenant 37 Leçons.
**Cahier de Croquis géographiques** : in-4°...
**Supplément pour le Professeur** : in-4°...

## CLASSE DE PREMIÈRE

**LA FRANCE ET SES COLONIES** : in-4° de 104 pages, contenant 45 Leçons.
**Cahier de Croquis géographiques** : in-4° de 40 pages, contenant 49 Exercices.
**Supplément pour le Professeur** : in-4° ... (Pour paraître en 1926.)

## CLASSES DE MATHÉMATIQUES ET DE PHILOSOPHIE (En préparation)

**LA VIE ÉCONOMIQUE DU MONDE.** — In-4°...

www.ingramcontent.com/pod-product-compliance
Ingram Content Group UK Ltd.
Pitfield, Milton Keynes, MK11 3LW, UK
UKHW021943260726
13994UKWH00004B/1504